PADRE CÍCERO
SANTO DOS POBRES, SANTO DA IGREJA

Annette Dumoulin

PADRE CÍCERO
SANTO DOS POBRES, SANTO DA IGREJA

REVISÕES HISTÓRICAS
E RECONCILIAÇÃO

Dados Internacionais de Catalogação na Publicação (CIP)

Dumoulin, Annette
     Padre Cícero, santo dos pobres, santo da Igreja : revisões históricas
e reconciliação / Annette Dumoulin. -- 2. ed. São Paulo : Paulinas, 2019.
-- (Sal & luz)

     ISBN: 978-85-356-4303-9

     1. Cícero, Padre, 1844-1934 2. Devoções populares 3. Juazeiro do
Norte (CE) - História 4. Sacerdotes - Brasil - Biografia I. Título. II. Série.

17-04176   CDD-282.092

Índice para catálogo sistemático:
1. Padres católicos : Biografia e obra   282.092

2ª edição – 2019
1ª reimpressão – 2023

Direção-geral:	Flávia Reginatto
Editores responsáveis:	Vera Ivanise Bombonatto
	João Décio Passos
Copidesque:	Ana Cecilia Mari
Coordenação de revisão:	Marina Mendonça
Revisão:	Sandra Sinzato
Gerente de produção:	Felício Calegaro Neto
Diagramação:	Jéssica Diniz Souza

Nenhuma parte desta obra poderá ser reproduzida ou transmitida
por qualquer forma e/ou quaisquer meios (eletrônico ou mecânico,
incluindo fotocópia e gravação) ou arquivada em qualquer sistema ou
banco de dados sem permissão escrita da Editora. Direitos reservados.

Paulinas

Rua Dona Inácia Uchoa, 62
04110-020 – São Paulo – SP (Brasil)
Tel.: (11) 2125-3500
http://www.paulinas.com.br – editora@paulinas.com.br
Telemarketing e SAC: 0800-7010081
© Pia Sociedade Filhas de São Paulo – São Paulo, 2017

Dedico este livro aos bons pastores:
Francisco, José, Cícero...

O povo consagrou Padre Cícero
porque ele antes entregara a sua vida aos pobres.
Amou sinceramente os pobres.
Foi incansável defensor dos pobres que o procuravam
para solucionar todo tipo de problemas e questões.
Antecipou em muitos anos as opções da Igreja da América Latina.
É impossível negar a sincera opção pelos pobres,
de alguém que os próprios pobres proclamam!

Padre José Comblin

Ser um pastor na metade do caminho é uma derrota.
Um pastor deve ter o coração de Deus, ir até o final,
porque não quer que ninguém se perca.
O verdadeiro pastor tem este zelo dentro de si:
que ninguém se perca.
E por isso não teme sujar as mãos. Não tem medo.
O verdadeiro Pastor vai aonde deve ir.

Arrisca sua vida, arrisca sua fama,
arrisca perder sua comodidade, seu status,
inclusive perder sua carreira eclesiástica,
mas é um bom pastor.
Não tenham medo de que se fale de nós
porque vamos ao encontro dos irmãos e irmãs
que se afastaram do Senhor.

Peçamos esta graça para cada um de nós
e para a nossa Mãe, a Santa Igreja.

Papa Francisco

Agradeço ao professor Zacharias Bezerra de Oliveira pela correção ortográfica deste livro, assim como ao seu irmão, Frei Hermínio Bezerra de Oliveira, pela riqueza das propostas que me fez a fim de melhorar a apresentação da história do Padre Cícero.

Obrigada ao amigo Renato Dantas, que fez uso de seu precioso tempo para ler, comentar e me ajudar a "dar à luz" este livro, filho querido, escrito com amor e fé, em busca de verdade!

Obrigada a você, prezado leitor, sem o qual não adianta o esforço de escrever!

Sumário

Prefácio...15

Dom Fernando Panico

Introdução: Padre Cícero, o padrinho dos pobres.................................23

PRIMEIRA PARTE

Padre Cícero: meu ponto de vista 39

Cícero e o Vale do Cariri...41

A família de Cícero 49

A infância e juventude de Cícero, até seus 18 anos..............................51

Cícero, dos 18 aos 20 anos, atrás do balcão da mercearia do pai 63

Cícero, o seminarista em Fortaleza 69

Padre Cícero: Primeira fase de sua vida sacerdotal 81

Padre Cícero: Segunda fase de sua vida sacerdotal.................................103

O veredicto de Roma e suas consequências..133

Padre Cícero em exílio e sua viagem para Roma.....................................143

A volta do Padre Cícero de Roma e as reações de Dom Joaquim 153

Padre Cícero político, e a emancipação de Juazeiro 175

Padre Cícero e a nova Diocese do Crato..195

Virtudes heroicas do Padre Cícero? 203

E agora? 221

SEGUNDA PARTE

Padre Cícero: seu ponto de vista..227

TERCEIRA PARTE

Padre Cícero: o ponto de vista do Papa Francisco.....................249

Conclusão: Padre Cícero... e quem é ele?.............................267

Posfácio 271
Dom Gilberto Pastana de Oliveira

Dados Biográficos da vida do Padre Cícero Romão Batista.......275

Bibliografia 279

Prefácio

> O tempo é o melhor autor;
> ele sempre encontra um final perfeito.

A autoria da frase acima é atribuída ao ator e produtor de cinema Charlie Chaplin. Adaptando este pensamento aos fatos da vida e obra do Padre Cícero, sentimo-nos como que envolvidos num sentimento de estarmos vivenciando *o início* de um "final perfeito" para a sofrida epopeia protagonizada por esse humilde e obediente sacerdote da Igreja Católica Apostólica Romana.

As razões que nos levaram a ter esta sensação, nós as temos de sobra!

Bastaria relembrar o desfecho do pedido – feito pela Diocese de Crato – à Congregação para a Doutrina da Fé, propondo a reabilitação histórica e canônica do Padre Cícero Romão Batista na Igreja Católica Apostólica Romana. Tal pedido, sustentado em sólidos argumentos – frutos de profunda reflexão dos membros de uma comissão, composta por *doutos* em várias ciências –, foi entregue à Santa Sé em 2006, quando eu era bispo diocesano de Crato.

A resposta oficial do Vaticano só nos chegou às mãos oito anos e cinco meses depois de entregue à Santa Sé. Na audiência de 5 de setembro de 2014, o Papa Francisco, após ouvir as recomendações do Prefeito para Congregação para a Doutrina da Fé, Cardeal Gerhard Müller, não só aprovou as recomendações que lhe foram sugeridas por aquela Congregação, como ainda pediu que se preparasse uma mensagem, da parte da Santa Sé, a ser dirigida aos fiéis do Padre Cícero.

A decisão favorável do Sumo Pontífice nos foi comunicada pelo Cardeal Gerhard Müller, através de correspondência firmada em Roma, em 27 de outubro de 2014. Entretanto, até que essa decisão fosse tomada pelos integrantes da Congregação para a Doutrina da Fé e referendada pelo Sumo Pontífice, o Papa Francisco, oportuno se faz lembrar que, no decorrer de um século, quase duas centenas de livros foram escritos sobre esse bom sacerdote da Igreja Católica Apostólica Romana.

Durante esses cem anos, em meio à perplexidade de tantos devotos do Padre Cícero, foram publicados livros, artigos e reportagens, além de produzidos vídeos, filmagens e outros documentários, feitos por autores os mais diversos. Nos primeiros tempos, após a morte do Padre Cícero, a maioria do material publicado atacava a figura do sacerdote, utilizando ilações subjetivas, algumas raiando o crime de calúnia. Mas também houve quem saísse em defesa do Padre Cícero.

Quantas injustiças foram planejadas, produzidas e divulgadas contra o Padre Cícero! Quantos autores não respeitaram o direito inalienável à boa fama e à imagem pessoal ilibada que qualquer pessoa desfruta sobre a projeção de sua personalidade, física ou moral, perante a sociedade. Quantos danos, infortúnios e maledicências foram assacados contra a memória desse virtuoso sacerdote. E o pior, isso aconteceu quando o Padre Cícero já não estava mais entre nós para poder defender-se ou para repor a verdade dos fatos.

Indiferentes a tudo isso, milhares de romeiros – verdadeiras multidões, calculadas em cerca de dois milhões de fiéis, que anualmente visitam Juazeiro do Norte – continuaram a beber da fonte cristalina da espiritualidade do Padre Cícero, ensinamentos que os ajudaram a serem bons cristãos.

Pelo testemunho perene dos romeiros e romeiras na Terra Sagrada do Juazeiro do Norte, não era possível acreditar que Padre Cícero fosse o "heresiarca sinistro" que Euclides da Cunha descrevia no seu livro *Os Sertões*. Certamente Padim Ciço tem algo de muito especial para ser objeto da devoção de milhões de pessoas que vêm a Juazeiro para "visitá-lo".

E o Papa Francisco reconheceu e abençoou esse fenômeno da fé dos pobres. Quando a Congregação para a Doutrina da Fé escreveu ao bispo de Crato, em 2001, pedindo que se abrissem os arquivos da Cúria para novos estudos sobre a história do Padre Cícero, descobriram-se muitas peças que faltavam ao quebra-cabeça. E com elas, com os documentos todos (mais de três mil), foi possível "montar" uma história que nos confirma que o verdadeiro Padre Cícero é aquele de que os seus devotos sempre falaram.

Este livro está escrito a partir dessa nova imagem do Padre Cícero que os documentos, recolhidos pela Comissão de Estudos, mostraram ao Vaticano. Sua autora é a Irmã Anne Dumoulin, nascida na Bélgica, conhecida popularmente como Irmã Annette. Uma religiosa pertencente à Ordem das Cônegas de Santo Agostinho e que há mais de quarenta anos presta relevantes serviços aos romeiros do Conselheiro do Sertão. Este novo livro *Padre Cícero, santo dos pobres, santo da Igreja,* que tenho a honra de prefaciar, atendendo ao honroso pedido da autora, minha colaboradora leal na causa das romarias e amiga fiel, vem se somar às outras boas obras já publicadas sobre o *Patriarca de Juazeiro.*

Irmã Annette, ao recuperar toda a história sobre o Padre Cícero, nos mostra que aquilo que está escrito na mensagem do Papa Francisco, pelo cardeal Secretário de Estado, Pietro Parolin, foi redigido tendo em vista a fé do romeiro e da romeira, para incentivar a Pastoral das Romarias em Juazeiro: Padre Cícero, modelo da Nova Evangelização; Padre Cícero, exemplo de fidelidade à Igreja; Padre Cícero, modelo e testemunho para os sacerdotes etc.

O livro da Irmã Annette está dividido em três partes e uma conclusão. A *primeira parte,* que ela denominou "Padre Cícero: meu ponto de vista", consta de 15 capítulos que resgatam informações históricas, sociológicas e antropológicas do Vale do Cariri, além de dados biográficos do Padre Cícero. Fala também sobre a família dele, a infância e juventude, estudos filosóficos e teológicos, primeiros tempos como sacerdote, o *imbróglio* do chamado "Milagre de Juazeiro", com todas as implicações, punições e sofrimentos que decorreram na vida desse sacerdote, por conta daquele episódio. Conta, ainda, sobre a participação do Padre Cícero na política e sobre seus últimos anos de vida.

Já na *segunda parte*, Irmã Annette aborda o "Padre Cícero: seu ponto de vista" (ou seja, do próprio sacerdote). Utiliza para tanto a análise de escritos da lavra do Padre Cícero, feitos em datas e em circunstâncias diversas.

A *terceira parte* do livro é denominada: "Padre Cícero: o ponto de vista do Papa Francisco". Por fim, ela encerra com: "Conclusão: Padre Cícero... e quem é ele?". Irmã Annette sintetiza todo o capítulo nas linhas inicias, a conferir: "Abrir o 'livro da vida' do Padre Cícero é entrar no mistério da aventura mística de um nordestino do interior do Ceará que tomou a sério o chamado do Sagrado Coração de Jesus, recebido em sonho: 'Você, Cícero, tome conta deles'. E ele fez a 'opção pelos pobres'. Consagrou sua vida aos pobres".

É verdade! Padre Cícero dedicou toda a sua existência ao amor pelo povo simples, as pessoas sem estudo e sem instrução religiosa, os deserdados da sorte, os injustiçados, as vítimas das secas e das doenças, os que não tinham a quem recorrer neste vale de lágrimas. Ele foi, enfim, um Bom Pastor, que se apiedou dos excluídos da sociedade de então. E para eles viveu, sofreu e por esse mesmo povo foi imortalizado no coração dos seus afilhados.

O Padre Cícero que a Irmã Annette mostra é o resultado de mais de quarenta anos de pesquisa, mas não só, também de orações e de cantos junto aos romeiros, de horas e horas de escuta das histórias desse povo fiel e devoto a esse Padre Cícero que percorreu o caminho da sua vida em plena união com Jesus Cristo.

Digitus Dei est hic!

Assim Dom Joaquim José Vieira, o segundo bispo do Ceará, desejava afirmar sobre os fenômenos extraordinários de sangramento da hóstia que aconteceram em Juazeiro do Norte, a partir de 1889, na boca da Beata Maria de Araújo. E, para afirmar isso, que "o dedo de Deus está aqui", ele queria provas. Como muito bem relata a Irmã Annette neste livro, por mais provas que os padres da comissão de inquérito, instituída por ele, apresentassem, Dom Joaquim não ficava satisfeito. Nada o convencia da veracidade dos fatos. Ao contrário, conseguiu depoimentos que ratificavam a sua primeira declaração, escrita antes de qualquer investigação: "não é e não pode ser o sangue de Cristo" o que sai da hóstia consagrada. No que foi seguido pelos cardeais do Santo Ofício, já que as informações quem lhes mandava era o bispo do Ceará: os fenômenos são "vãos e supersticiosos", uma forma mais delicada de dizer o que Dom Joaquim dizia em alto e bom som que o fenômeno era uma fraude.

Portanto, Dom Joaquim nunca se permitiu dizer: *Digitus Dei est hic!*

Mas agora Irmã Annette nos mostra outra possibilidade de saber se ali, naquele ambiente, especialmente com o Padre Cícero, há o dedo de Deus. Ela chama isso de sinais de Deus na vida do Padre Cícero Romão Batista... De uma maneira quase lúdica, vai nos conduzindo pelo caminho "pedregoso, cheio de obstáculos, de curvas, de desafios, de sofrimentos e também de alegrias" percorrido por ele e identificando esses sinais. Vai nos mostrando que Padre Cícero, nessa caminhada, "não perdeu a fé, a paz e a confiança na Providência do Pai e no auxílio fiel da Mãe das Dores".

Ao escrever estas linhas já como bispo emérito de Crato, manifesto toda a minha gratidão e alegria pelo bom trabalho que, por vontade de Deus, e para fazer justiça aos romeiros e romeiras do Padre Cícero, a Irmã Annette, Irmã Teresa, Monsenhor Murilo, Maria do Carmo Forti e tantos outros colaboradores, pesquisadores, religiosos e leigos, romeiros e romeiras, realizamos honestamente nesta nossa diocese, para a maior glória de Deus e o bem da Igreja.

Enfim, dever cumprido: somos responsáveis pela mudança radical da relação da Santa Sé com Padre Cícero. *Digitus Dei est hic!* [Aqui está o dedo de Deus!]. O dedo de Deus está na história da Terra da Mãe das Dores, no Juazeiro do Padre Cícero e da Beata Maria de Araújo e dos romeiros e romeiras!

Parabenizo Irmã Annette por este seu novo livro. E almejo a esta obra uma ampla divulgação, uma excelente aceitação entre o povo de Deus que habita a generosa nação brasileira.

Dom Fernando Panico, MSC
Bispo emérito de Crato

A carta da Congregação para a Doutrina da Fé, a mim dirigida, com data de 27 de outubro de 2014, tem Protocolo n. 319/14-48388. Lá consta textualmente: "OMNES: Si ritene opportuna una qualche forma di 'riconciliazione stórica', che, tenendo conto di tutti gli aspetti della vicenda umana e sacerdotale del P. Cícero, metta in luce anche i lati positivi della sua figura.

Il Santo Padre Francesco, durante l'Udienza del 5 settembre 2014 há approvato le suddette decisioni e há chiesto che sai preparato um Messagio da parte di um organismo della Santa Sede, indirizzato ao fedeli di codesta diocese" (...).

Tradução livre do texto acima: "Todos (os integrantes que analisaram na Sagrada Congregação da Fé o pedido da Diocese de Crato) acham oportuna alguma forma de 'reconciliação histórica', que, considerando todos os aspectos da vida humana e sacerdotal do Padre Cícero, venham lançar luz também sobre os aspectos positivos de sua pessoa (do Pe. Cícero).

O Papa Francisco, durante a audiência de 5 de setembro de 2014 aprovou estas decisões (da Sagrada Congregação para a Doutrina da Fé) e recomendou a redação de uma mensagem preparada por um organismo da Santa Sé, dirigida aos fiéis desta diocese (...)".

Introdução
Padre Cícero, o padrinho dos pobres

Prezado leitor, penso que lhe devo algum esclarecimento. Como é que uma estrangeira, belga, pode escrever sobre a história de um padre brasileiro e nordestino? Preciso contar-lhe um pouco da minha aventura e de como "encontrei" o Padre Cícero Romão Batista. Faço isso também como agradecimento a Deus, a quem entreguei minha vida, e por ser ele que nos conduz pela mão.

Santo Agostinho afirma: "Se eu tivesse que escolher entre a Bíblia e o livro da vida, ficaria com o livro da vida, pois é nele que Deus me fala sem cessar!". Claro que o ideal é ficar com os dois livros, mas, se é para escolher apenas um, Agostinho faz a sua opção: a VIDA!

Essa afirmação pode causar estranheza, mas é uma convicção minha também.

Quando se chega a certa idade, essa opção de Agostinho se confirma ainda mais e dá ao "ancião" uma alegria toda especial. Pelo menos, é a experiência que tive! É gostoso abrir o livro de nossa vida, ler nossa aventura, nossa breve passagem neste planeta, reler e interpretar os fatos, os sinais, as opções, os erros e acertos, os encontros e desencontros, as dúvidas, as decepções, as quedas e os sucessos, ainda mais quando se lê o livro da vida iluminado com o "candeeiro da Bíblia e da fé". Sim, Jesus está dentro do barco de nossa vida, mesmo se parece dormir! Tomar consciência disso é maravilhoso e, apesar de tantas fraquezas nossas, é algo que proporciona uma profunda alegria por dar-nos a certeza de que nosso barco nunca afunda, porque está carregado pelo mar infinito da misericórdia do Pai que cuida da gente.

Então, caro leitor, convido você a abrir comigo algumas páginas do livro de minha vida até chegar à descoberta do Padre Cícero, o padrinho dos pobres.

A segunda parte do livro da minha vida começou em Recife. A Universidade de Louvaina (Bélgica) ofereceu-me dois anos de pesquisa no Brasil, na especialização em Psicologia da Religião. Com Therezinha Stella Guimarães, mais conhecida por Irmã Ana Teresa, lançamo-nos na descoberta da rica espiritualidade popular do Nordeste. Tínhamos 39 anos. Passamos o ano de 1973 em Recife, sob o olhar profético de Dom Helder Camara. Alugamos uma casinha num bairro pobre da periferia, em Beberibe, na chamada "linha do tiro". Foram 12 meses estudando, ouvindo e aprendendo muito na escola dos pobres, as CEBs. Queríamos descobrir como nasciam as lideranças religiosas nessa área dinâmica de cultura popular, tão perseguida pelo regime da ditadura militar da época.

Acredito que nada acontece "por acaso". Imagino que você também pense o mesmo. Abrindo o livro de minha vida, à luz do candeeiro de minha fé, escolhi apresentar a você apenas seis sinais que nos conduziram, Irmã Ana Teresa e eu, a "descobrir" quem é o Padre Cícero.

Primeiro sinal: naquela "linha do tiro", nossa vizinha, Maninha, filha de Juazeiro do Norte, tinha colocado na parede de sua sala um pôster imenso de um padre de batina. Achei estranho e foi a primeira vez que perguntei, com meu português ainda rudimentar: "Mas quem é ele?". Maninha, muito devota, tentou me convencer da grandeza e do poder do Padre Cícero. Irmã Ana Teresa, de origem paulista, lembrava-se vagamente do que tinha aprendido nas aulas de história: Padre Cícero foi, no passado, um líder religioso de um movimento popular nordestino em declínio, e era visto como fanático pela Igreja Católica. Assim, Maninha e um pôster do Padre Cícero, pendurado na sua sala, foram o *primeiro sinal* que Deus colocou em nossa descoberta do padrinho.

Segundo sinal: respondemos ao convite dos pais de Maninha, para conhecer Juazeiro. Passamos 10 dias visitando a "terra da Mãe de Deus e do Padre Cícero", orientadas por Selvina, lavadeira da família, que se tinha liberado de qualquer trabalho para nos servir de cicerone. E que cicerone! Ela tinha passado pouco tempo no sítio Baixa Dantas e, depois, em 1926, no Caldeirão da Santa Cruz do deserto, na Serra do Araripe, que reunia uma comunidade de centenas de camponeses, animados pelo Beato José Lourenço, sob a orientação do Padre Cícero. Em 1936, dois anos após a morte desse sacerdote, a comunidade foi atacada e destruída pelo governo do Estado, justificando, para isso, que se tratava de um movimento "comunista", pois "tudo era colocado em comum e não tinha necessidade entre eles!" (At 4,22). Selvina era uma mulher sábia, descendente de índios, convicta de sua fé, e que nos oferecia, gota a gota, com prudência, o tesouro de seus conhecimentos em relação ao "mistério" do Juazeiro e do Padre

Cícero. Com prudência, sim, pois Selvina "não queria jogar essas pérolas preciosas aos porcos" (Mt 7,6). É a atitude típica daqueles que foram perseguidos ou ridicularizados em sua fé. Selvina precisava ter certeza de que merecíamos receber essas pérolas, com respeito e verdadeiro interesse. Como psicólogas da religião, ficamos "encantadas" com suas revelações, a ponto de nos perguntar se não seria bom continuar nossas pesquisas não mais em Recife, mas nessa "mina a céu aberto" que é Juazeiro do Norte. Selvina foi o *segundo sinal* que Deus colocou em nossa descoberta do padrinho.

Terceiro sinal: voltando para Recife, tivemos a surpresa da visita de um ladrão em nossa casinha, durante a nossa ausência. Não tinha muito que roubar e nossos amigos das CEBs nos alertaram que podia ser mais uma investigação velada da polícia para descobrir o porquê de nossa presença no meio dos pobres. Fomos aconselhadas a ser prudentes. Nessa hora, a decisão foi tomada: vamos passar o segundo ano de estudo em Juazeiro do Norte! Agradeço ao ladrão: ele foi o *terceiro sinal* que Deus colocou em nossa descoberta do padrinho. Pelo menos, ele foi, sem nem saber, uma das justificativas que nos motivou a deixar a "linha do tiro" e seguir outra "linha", a dos peregrinos, dos romeiros, até Juazeiro do Norte. Na mão de Deus, o mal se transforma em bem, à medida que nos deixamos conduzir por ele.

Quarto sinal: chegando a Juazeiro, começamos nossa pesquisa, gravando centenas de entrevistas junto aos romeiros e ao povo de Juazeiro, jovens e adultos, pobres e ricos. Logo descobrimos que não se tratava de um movimento "fanático" do passado. Começamos a entender por que o nordestino é tão devoto do padrinho tão desprezado e condenado por certa classe da sociedade civil e da Igreja.

Rapidamente percebemos a oposição silenciosa da Diocese de Crato, e de muitos bispos e padres no Nordeste, em relação ao Padre Cícero e às romarias. Observamos o isolamento, a coragem pastoral do Padre Murilo de Sá Barreto, pároco da Igreja de Nossa Senhora das Dores, e de seu auxiliar, Padre José Alves, acolhendo com carinho e sabedoria milhões de romeiros, ditos fanáticos.

Lemos uma dezena de livros sobre o Padre Cícero e constatamos que eles revelavam mais a personalidade de cada autor, seu ódio ou sua paixão por aquele sacerdote do que a própria pessoa do "padrinho do povo".

Mais que pesquisadoras, somos cristãs e religiosas consagradas na linha da opção preferencial pelos pobres e na procura da verdade. Essa situação não podia deixar-nos indiferentes.

Então, começamos a nos perguntar: Mas *onde* está a verdade? E Irmã Ana Teresa decidiu responder a essa pergunta com sua tese de doutorado em Psicologia da Religião: "Padre Cícero e a nação romeira".[1] Foi o *quarto sinal* que Deus colocou em nossa descoberta do padrinho. Naquele momento, à primeira pergunta feita em Recife: "Quem é ele?", acrescentamos uma segunda: "E onde podemos conhecê-lo de verdade? Onde está ele? Onde se esconde sua verdadeira personalidade nesse amontoado de opiniões e afirmações tão contraditórias?".

---

[1] GUIMARÃES, Therezinha Stella. *Padre Cícero e a nação romeira: estudo psicológico da função de um "santo" no catolicismo popular.* Fortaleza: Editora IMEPH, 2011. (Coleção Centenário).

Quinto sinal: nossos objetivos esclareceram-se... Continuamos a pesquisa em vista da tese de doutorado de Irmã Ana Teresa, sob a orientação do Professor Antoine Vergote, da Universidade de Louvaina (Bélgica), que fez questão de visitar duas vezes Juazeiro, tão interessado como nós em compreender o "fenômeno dessas romarias em Juazeiro do Norte e da atração tão forte do nordestino pela pessoa do Padre Cícero".

Permita-me, caro leitor, inserir aqui o testemunho de um frade capuchinho, Frei Hermínio Bezerra de Oliveira, que estudou na mesma Universidade, junto ao mestre Vergote, e que confirma que não somos as únicas a valorizar a excepcional riqueza das expressões religiosas no "santo Juazeiro":[2]

> Uma sensação de alegria e satisfação invadiu-me, quando, numa aula de psicologia na Universidade Católica de Louvaina (Bélgica), o professor titular da cadeira, Antoine Vergote, disse: "Na minha atividade de pesquisador da religiosidade eu já estive observando práticas religiosas em vários países: Bélgica, Brasil, Espanha, França, Índia, Itália, Suíça, Portugal... mas as que mais me impressionaram e me tocaram – com relação ao sentimento de religiosidade, de piedade, de devoção e de profunda compunção – foram as de Juazeiro do Norte, no interior do Nordeste do Brasil.

A escuta e análise de centenas de entrevistas com os devotos do Padre Cícero ajudaram-nos a "descobrir" onde poderia esconder-se o verdadeiro padrinho dentro da cultura da nação romeira.

---

[2] GLAUBER, Pinheiro Barros. *Romeiros no chão sagrado*. São Paulo: Edições Premius, 2013, n. 14, p. 21.

Mas meu tempo de dois anos no Nordeste chegava ao fim. Eu precisava voltar para a Universidade de Louvaina, no Centro de Psicologia da Religião, para retribuir através de aulas o que tinha descoberto durante esses anos no Nordeste. É nesse momento que surgiu o *quinto sinal* que Deus colocou em nossa descoberta do padrinho. Até hoje, esse sinal tem para mim um gosto saboroso de "mistério". Numa noite de São João, na Serra do Catolé, ao redor de uma fogueira, ficou claro para nós duas, Irmã Ana Teresa e eu: "Se chegamos até aqui, se pesquisamos até agora, não foi para voltarmos definitivamente a nossas terras, mas para ficarmos no Juazeiro, a serviço dos romeiros, dando apoio ao Padre Murilo!". Pegamos no chão uma cabaça ainda verde e gravamos nosso compromisso: "De todo jeito, voltaremos para Juazeiro" (Ana Teresa – Annette – 24 de junho de 1974).

Naquela mesma noite, lembrei-me da resposta que a superiora-geral da congregação me deu, havia mais de 10 anos, quando pedi conselho, expressando-lhe minha perplexidade em aceitar o convite do professor Vergote para ser sua assistente e fazer o doutorado. "Será que isso não vai me distanciar cada vez mais do povo e dos pobres?". Ela respondeu-me, com sua sabedoria: "Faça seu doutorado, porque os pobres merecem que a gente se forme para servi-los. E, se é vontade de Deus, não será um diploma que vai impedir você de trabalhar no meio deles". A lembrança dessa resposta da madre-geral às minhas dúvidas confirmou que estávamos no caminho certo, o caminho preparado por Deus. Ele estava dentro do barco!

Sexto sinal: de volta a Juazeiro, em 1976, com aceitação do Padre Murilo e de seu auxiliar, o Padre José Alves, planejamos abrir dois centros complementares: um Centro de Psicologia da Religião e uma sala de acolhida aos romeiros, cada um alimentando-se do outro, numa dinâmica que se revelou, durante 40 anos, muito proveitosa para o nosso objetivo de missão, ao mesmo tempo, científica e pastoral. Decidimos, assim, "casar" duas linhas de trabalho: a pesquisa e o serviço aos romeiros.

Quero, aqui, agradecer aos amigos pesquisadores, Antonio Renato Soares de Casimiro e Daniel Walker Almeida Marques, pela ajuda concreta que eles nos deram, oferecendo preciosos arquivos, principalmente, cópias daqueles documentos conservados pelos padres salesianos, como também revistas, artigos e livros que enriqueceram nosso pequeno e humilde Centro de Psicologia da Religião. E o que dizer da riqueza de nosso grupo "GES" (Grupo de Estudos no "Semeador"), onde passamos momentos tão esclarecedores e agradáveis, aprofundando com eles e outros amigos nossos questionamentos e descobertas.

Posso dizer que Padre Murilo, Renato e Daniel foram para nós o *sexto sinal* que Deus colocou em nossa descoberta do padrinho. Mas seria injusto não reconhecer também, nesse sexto sinal, a colaboração dos bispos da Diocese do Crato, Dom Vicente de Paulo Araújo Matos e Dom Newton de Holanda Gurgel, por nos ter convidado a abrir e xerocar os arquivos da Cúria Diocesana, conservados no famoso "baú", do que, até então, somente o pesquisador americano, Ralph Della Cava,[3] tinha recebido "a chave". Por que os bispos daquela época nos deram essa licença? Segundo as suas próprias palavras, foi para ajudar-nos a estudar

---

[3] DELLA CAVA, Ralph. *Milagre em Joaseiro*. São Paulo: Paz e Terra, 1970.

também o que eles consideravam o lado negativo e condenatório do Padre Cícero.

Então, onde descobrimos o Padre Cícero?

Ao longo dessa aventura de mais de quarenta anos, encontramos realmente o Padre Cícero, sobretudo, em dois lugares:

1) Nos seus próprios escritos... Nesse sentido, todos agora têm a possibilidade de dispor de um arquivo extraordinário, graças ao costume que Padre Cícero tinha de conservar uma cópia de quase todas as cartas que ele enviava. Por isso, com essas cartas, publicamos um pequeno livro intitulado: *Padre Cícero por ele mesmo.*[4]

Além dos escritos do Padre Cícero e graças à plena abertura de Dom Fernando Panico, quinto bispo da Igreja particular do Crato, são colocados hoje, à disposição do mundo científico e de todos os interessados, os arquivos da diocese, não somente os do "baú", mas tantos outros documentos, até então empoeirados e desprezados. Eles saíram da escuridão graças ao trabalho incansável do Padre Francisco Roserlândio de Souza e sua equipe do Departamento Histórico Diocesano Padre Antônio Gomes de Araújo (DHDPG). No estudo desses arquivos, podemos mais facilmente situar "onde está ele", o Padre Cícero, dentro de seu contexto histórico, geográfico, político, religioso, no meio de outros atores que marcaram o "drama" de sua vida... A leitura desses documentos pareceu-me como um jogo, um "quebra-cabeça", no qual se descobrem as peças importantes que faltavam para compreender e abrir o "livro da vida" do Padre Cícero.

---

[4] GUIMARÃES, Therezinha Stella; DUMOULIN, Anne. *Padre Cícero por ele mesmo.* 2. ed. São Paulo: Vozes, 1983. Fortaleza: INESP, 2015.

Nosso agradecimento sincero a Dom Fernando Panico por esse gesto tão louvável da "partilha" dos arquivos da diocese, a partilha do "pão do saber".[5]

2) Mas onde o encontramos, sobretudo, "onde está ele"? Claro que é no coração e na mente de seus afilhados e romeiros. Temos absoluta certeza de que o "fenômeno Padre Cícero" está vivo, até hoje, graças à teimosia e à sabedoria fiel dos romeiros que, mais de 80 anos após seu falecimento, continuam visitando o chão sagrado do "Santo Juazeiro", a "terra da Mãe das Dores e do Padre Cícero". A eles todos, nossos agradecimentos, nossos parabéns. Sim! Padre Cícero está vivo no coração dessa nação romeira que Irmã Ana Teresa e eu aprendemos a conhecer, amar, respeitar, admirar, defender.

É esse Padre Cícero que desejo apresentar-lhe, amigo leitor. Minha alegria é dobrada, depois do gesto oficial da Igreja, valorizando as principais virtudes do "padrinho dos pobres". Esse gesto, desejado pelo Papa Francisco, chegou à mão de Dom Fernando Panico pela carta do Cardeal Pietro Parolin, secretário de Estado de sua Santidade. O documento foi assinado no dia 20 de outubro de 2015, mas chegou à Diocese do Crato mais de um mês depois, pelas vias diplomáticas da Nunciatura e da CNBB. Nosso bispo anunciou a boa notícia no dia da abertura solene do Ano Santo da Misericórdia, no terceiro domingo do Advento do mesmo ano. Mas foi no dia 20 de dezembro, na missa celebrada em memória do Padre Cícero, que a carta foi lida pela primeira vez e por inteiro, irradiada e televisionada aos quatro cantos do

---

[5] Por razão de saúde, nosso "bispo romeiro" passou o báculo a seu sucessor, Dom Gilberto Pastana, até então bispo coadjutor, no dia 1º de janeiro de 2017.

Brasil. E como o número "7" tem, na Bíblia, o significado da plenitude, da perfeição, vamos concordar que essa carta do Cardeal Parolin seja o *sétimo sinal* que Deus colocou em nossa descoberta do padrinho. De fato, ela está confirmando e coroando, sem merecimento nosso, a percepção que se revelou progressivamente a nós com relação à personalidade humana e sacerdotal do Padre Cícero Romão Batista.

Digo "sem merecimento nosso", pois tenho plena consciência de que essa "aventura nordestina" da descoberta desse padre tão controvertido foi conduzida passo a passo pela mão da Providência divina. Fomos e somos apenas instrumentos, assim como Deus usou e usa de outros pesquisadores e pastores para que, enfim, a verdade sobre o padre apareça, simples, clara, viva e atual. Basta apresentar aqui um trecho da dita carta onde o Cardeal Parolin afirma: "No momento em que a Igreja inteira é convidada pelo Papa Francisco a uma atitude de saída, ao encontro das periferias existenciais, a atitude do Padre Cícero em *acolher a todos, especialmente os pobres e sofredores, aconselhando-os e abençoando-os,* constitui, sem dúvida, um sinal importante e atual".

Em conclusão desta introdução, apresento a você três "pontos de vistas" sobre o padrinho dos pobres que irá encontrar neste livro.

Na primeira parte, darei meu ponto de vista: a apresentação de minha visão pessoal da vida do Padre Cícero. Como psicóloga, vou contar alguns detalhes de sua existência que podem parecer insignificantes. Várias vezes, esses detalhes não interessam, parecem ser secundários. Mas, para um psicólogo da religião, são importantes, sim, porque revelam a personalidade de um ser humano e de um religioso em carne e ossos! Meu sonho é que você possa conhecer o Padre Cícero como se estivesse vivendo junto dele durante vários dias. Perceber suas alegrias, seus sofrimentos, suas dúvidas, seus erros e acertos, suas eventuais virtudes heroicas. Espero que possamos conseguir isso. No final da leitura, você avaliará se consegui realizar este propósito.

Na segunda parte, pedirei ao próprio Padre Cícero para expor-lhe seu ponto de vista. Como? Retomando uma longa carta que ele escreveu a um amigo, em 1914. É um documento único, onde ele descreve diversas fases de sua vida. Apresentarei para você essa carta em forma de diálogo, imaginado por mim, entre o padrinho e dois romeiros. Mas o que vou acrescentar no diálogo não é invenção minha: retirei dos arquivos fatos e provas que confirmam o que o Padre Cícero confia ao amigo. Como a carta foi escrita em 1914, é claro que os 20 últimos anos da vida dele não serão abordados nessa parte.

Na terceira e última parte, é o próprio Papa Francisco que apresentará seu ponto de vista sobre o Padre Cícero. Mas como? Por intermédio de seu secretário de Estado, o Cardeal Parolin. De fato, no fim do ano de 2015, como já lhe falei, Dom Fernando Panico, bispo da Diocese do Crato, recebeu esse importante documento que foi chamado de "reconciliação histórica da Igreja com o Padre Cícero", no qual são apresentadas as principais virtudes desse sacerdote, reconhecidas pelo papa. Virtudes daquele que, durante tantos anos, foi e ainda é objeto de interpretações polêmicas e contraditórias. Mas, dessa vez, o Papa Francisco posiciona-se claramente em relação a esse patriarca, tão amado e admirado por milhões de nordestinos e brasileiros, que já o canonizaram no coração.

Nessa parte, tomarei a liberdade de expressar minhas reações e pensamentos às diversas afirmações contidas nessa carta do Cardeal Parolin.

Eis o conteúdo deste livro: você pode escolher uma das partes para começar sua leitura: trata-se de três aproximações do mesmo personagem histórico que está ainda vivo na memória de milhões de brasileiros, o padrinho dos pobres que vamos juntos conhecer de perto.

A importância de cada parte não se mede pelo número de páginas, ao contrário, como você poderá perceber! Boa leitura!

PRIMEIRA PARTE

Padre Cícero:
meu ponto de vista

Convido você, caro leitor, para caminharmos juntos, em peregrinação, com bastão na mão, chapéu de palha na cabeça (pois o sol do Nordeste é fogo e queima!), mas, sobretudo, com o coração aberto, nessa longa estrada da existência do Padre Cícero, caminho pedregoso, cheio de obstáculos, de curvas, de desafios, de sofrimentos e, também, de alegrias; uma estrada com montanhas, túneis escuros, desertos áridos, onde Cícero não perdeu a fé, a paz e a confiança na Providência do Pai e no auxílio fiel da Mãe das Dores.

Vamos caminhar juntos e, às vezes, nos sentaremos no chão ou num tronco de árvore para respirar. Contar-lhe-ei então algumas histórias, às vezes pitorescas, que aconteceram na vida do padrinho. Depois do descanso, retomaremos o caminho de onde paramos. Às vezes, você poderá pensar que nos estamos perdendo ou nos desviando da estrada principal, que é a vida do Padre Cícero. É que, assim como o caminheiro precisa, frequentemente, situar-se no tempo, no espaço e consultar a bússola a fim de não perder o "norte" de sua peregrinação, nós faremos também algumas paradas para olhar o horizonte, as estrelas, e situar a aventura do Padre Cícero no seu contexto histórico mais amplo.

Apresentar-lhe-ei várias cartas tais como as encontrei nos arquivos. Acho tão importante ler os escritos dos protagonistas dessa longa história. Os estilos, as palavras transcritas, deixam transparecer sentimentos, emoções, indignação, desprezo, alegrias e tristezas das personagens em ação. Assim, poderemos nos aproximar mais de cada uma delas.

Então, vamos?! Sem muita bagagem, pois o caminho é longo!

Cícero e o Vale do Cariri

Antes de começar a contar-lhe a história de Cícero assim como eu o vejo, é necessário situar o contexto geográfico, cultural, mítico e místico onde ele nasceu, cresceu e viveu até o fim de sua longa existência de 90 anos. Isso é fundamental para entender melhor a história desse sacerdote, como, aliás, de qualquer um de nós, pois somos todos profundamente impregnados pelos espaços que habitamos e pela cultura que nos alimenta. É o ar que respiramos. São nossas raízes, as raízes vivas de nossas famílias e antepassados.

Já antes da chegada dos portugueses e dos missionários, os índios da região consideravam esse espaço, chamado de "Vale do Cariri", como sagrado. Periodicamente, eles procuravam esse lugar para realizar seus rituais. Esse vale era para eles como um "caldo mítico, encantado", onde retomavam forças nessa "terra de fertilidade". Eles a defendiam violentamente contra qualquer invasor. A razão é muito clara: é que, no meio de um sertão árido e intolerante, que eternamente põe à prova a coragem, a resistência e a fé, esse espaço era para eles e ainda é, até hoje, um vale privilegiado, cercado de montanhas (a Chapada do Araripe) cujas entranhas regurgitam água pura em abundância, com suas 348 fontes naturais.

Por essa razão, o Vale do Cariri, durante os anos de seca, ainda é procurado pelo nordestino, até hoje, como um oásis no meio do sertão. Na realidade esse oásis muitas vezes não passa de uma miragem, pois a seca, quando se instala, não faz acepção de ninguém. A reputação do vale se conserva, entretanto, contra todo desespero, como um símbolo de fertilidade e abundância. Continua sendo um sopro de esperança, uma mancha verde, dando uma aparência de umidade no meio de uma terra gretada, engelhada, que nem as lágrimas do pobre chegam a umedecer.

É nesse "oásis", no meio do sertão nordestino, há 600 km das principais capitais dos estados dessa região sofrida do Brasil, que Cícero nasceu, cresceu e realizou sua missão sacerdotal até o fim de sua vida, em 20 de julho de 1934.

A memória popular, também impregnada pela cultura indígena, guarda ainda hoje palavras do Padre Cícero que comprovam o que acabamos de escrever. Ouvimos, por exemplo, mais de uma vez, afirmações de romeiros como esta:

> Meu padrinho sempre dizia: "Vocês podem percorrer o mundo inteiro, como uma mãe carregando o filho nos braços, sem encontrar uma colherada de farinha para alimentá-lo: venham a Juazeiro e aqui encontrarão o que comer. Vocês podem percorrer o mundo inteiro, tendo-se evaporado as águas do mundo, sem encontrar um copo d'água para matar a sede. Venham a Juazeiro e aqui encontrarão o que beber".

Essas expressões têm o perfume de parábolas, cheias de imagens, como o Padre Cícero costumava falar ao povo simples, seguindo o método do Mestre, Jesus. As imagens não são esquecidas nunca, ao contrário de longos discursos teóricos.

É nesse mesmo espírito que compreendemos a reflexão de um morador de Juazeiro, que, ao voltar de São Paulo, onde tinha esperado encontrar melhores condições de vida, nos confiou:

> Irmã Annette, eu não devia ter ido para lá, não! Aqui em Juazeiro, a gente sofre, mas come!... Aqui é uma terra de salvação. Padre Cícero dizia que quem quer viver aqui deve trazer muita paciência, mas não ouro, porque aqui é uma terra santa, terra de salvação!

Quanta sabedoria em tal afirmação! A paciência que o Padre Cícero aconselhava a ter não significava passividade nem ociosidade. Era e é, no coração do devoto, a virtude da esperança firme na Providência divina, a "santa" teimosia da fé daquele que luta para ganhar o pão de cada dia, mas sabendo que Deus nunca o abandonará.

Faz pouco tempo, uma romeira me confiava o quanto a visita a Juazeiro era importante para ela. Usando uma imagem dos tempos de hoje, ela me dizia: "Eu venho aqui todos os anos para 'carregar minhas baterias de fé' e poder viver e aguentar tudo que vem por aí, com coragem!".

E eu, sorrindo por dentro, me lembrei dos índios Cariris, voltando regularmente a esse espaço sagrado para realizar seus rituais de "revitalização" de suas origens. É bem verdade que, para essa senhora, a fonte de revitalização é também tudo que aconteceu nesse espaço sagrado da Mãe das Dores, onde viveu e atuou o padrinho dos pobres.

Juazeiro é símbolo de fertilidade material e, também, espiritual e mística. Assim, pode-se entender por que Padre Cícero queria que cada casa, em Juazeiro, fosse ao mesmo tempo um oratório e uma oficina, unindo trabalho e oração, sobrevivência dupla que sempre se mistura no discurso do morador dessa cidade e dos romeiros que a visitam.

Juazeiro é também um centro de romaria que tem uma característica bem original. Aqui, o desejo mais profundo da maioria dos romeiros não é apenas visitar esse lugar sagrado, como em Lourdes ou Aparecida do Norte, mas poder, um dia, mudar definitivamente e morar na terra da Mãe das Dores. Para eles, Juazeiro fica mais perto da "porta do céu"! É a antecâmara do Paraíso, o último degrau para se chegar na "Jerusalém Celeste"!

Quando chegamos, há 42 anos, por aqui, mais de 80% da população eram romeiros ou descendentes de romeiros que vieram a pé ou em cima de um burrinho, de quase todos os estados do Nordeste, deixando tudo para morar nesta Cidade Sagrada. Nas minhas andanças em muitos centros de romaria, no Brasil ou na Europa, nunca encontrei tal atração "vital". Quando um romeiro falece durante a sua peregrinação, quase sempre a família nos confia: "Era seu desejo: morrer e ser enterrado no *Santo Juazeiro*". Quem não toma conhecimento da "sacralidade mítica" do Vale do Cariri e de Juazeiro, dificilmente entenderá esse comportamento, essa atração quase irresistível, presente nas entranhas da cultura nordestina.

Mas, amigo leitor, antes de abordar a história de Cícero, eu preciso ainda lhe falar de outro Padre, cearense de Sobral, que marcou muito o desenvolvimento e a cultura da região onde a família Romão Batista viveu. Quero apresentar-lhe o Padre Mestre Ibiapina. Ele nasceu em 5 de agosto de 1806 e faleceu no dia 19 fevereiro de 1883, em Santa Fé, na Paraíba. Esse grande missionário itinerante teve uma influência enorme no Nordeste e, especialmente, no Vale do Cariri. Nas suas andanças a pé ou a cavalo, realizou ações concretas, como, por exemplo, a construção de casas de caridade, hospitais, cemitérios, capelas etc. Ele tinha o dom especial de animar o povo a trabalhar em mutirão em favor da comunidade. No Vale do Cariri, como em outros lugares por onde passava, sua generosidade atraía muitos seguidores, entre outros, os beatos e as beatas que continuavam, com ardor, sua missão caritativa e religiosa. A família Romão Batista foi bastante influenciada por esse sacerdote, especialmente o jovem Cícero. É bem verdade que o jeito missionário do Padre Mestre Ibiapina não agradou certa hierarquia da Igreja da época. Ele era como Padre Cícero: um evangelizador com métodos "à frente de seu tempo". Acho que seria um missionário ao gosto de nosso Papa Francisco. Na sua carta de reconciliação, o Cardeal Parolin apresenta o Padre Cícero como "um modelo de sacerdote para uma Igreja em saída". Com certeza, diria o mesmo do Padre Mestre Ibiapina, que hoje já é "servo de Deus". Corre, em Roma, seu processo de beatificação.

Nas pesquisas realizadas por Monsenhor Assis Pereira, descobri uma carta escrita pelo segundo bispo do Ceará, Dom Joaquim Vieira, ao Núncio Apostólico. Ela mostra-nos claramente que o Vale do Cariri era visto pelos bispos de Fortaleza, no século XIX, e primeira parte do século XX, como uma terra marcada pela ação "nefasta" do Padre Ibiapina. Veja como o bispo justifica o que ele considerava fanatismo e doença mental em Juazeiro:

> Cumpre-me cientificar a V. Exa. Rev. que nesta diocese os casos de desequilíbrios das faculdades mentais são frequentes e ocasionais, e quase todos se manifestam por tendências para o maravilhoso, não sendo estranha a essa tendência uma boa parte do clero; isto devido ao Dr. Ibiapina, homem ilustrado em ciências jurídicas, mas supersticioso que, resolvendo ordenar-se, conseguiu essa graça sem estudar Teologia, e depois saiu a pregar pelos sertões de Pernambuco e do Ceará, demorando-se mais nesta Diocese, onde muito contrariou o meu antecessor, de saudosa memória, o senhor Dom Luís: o Padre Cícero, o senhor José de Marrocos e outros foram discípulos deste Doutor Pe. Ibiapina. Daí vem em parte a história do Juazeiro[1] (27/03/1893).

Imagino seu susto lendo o diagnóstico de Dom Joaquim, depois de ter lido minha visão da riqueza mística e simbólica de Juazeiro e do Vale do Cariri. Que contradição! É que tal interpretação de Dom Joaquim é somente compreensível numa visão histórica, dentro do projeto de reforma da Igreja no Brasil, importada da Europa e que é chamada pelos pesquisadores de "romanização". Que meu leitor tenha um pouco de paciência.

---

[1] PEREIRA, Francisco de Assis. *Padre Cícero e o Santo Ofício*, p. 12. Dom Joaquim a Mons. Guidi, 27/03/1893. Arquivo Secreto Vaticano (ASV), Mat 015. Esta obra não foi publicada, mas está conservada na Diocese do Crato e no Centro de Psicologia da Religião.

Esse assunto será retomado mais a fundo quando eu contar a vida de Cícero no seminário de Fortaleza. Mas, desde já, você pode perceber quantas leituras opostas vamos encontrar nessa "estrada pedregosa" da vida do Padre Cícero. Estamos caminhando, "sem ouro, mas com muita paciência", à procura da verdade sobre o "padrinho dos pobres".

Essa apresentação das características próprias ao Vale do Cariri será como um pano de fundo, o mapa dessa região que nos ajudará a seguir o caminho da vida do Padre Cícero e a entender melhor sua história, ao mesmo tempo doada na alegria de sua missão sacerdotal, profundamente acolhedora,[2] mas também sofrida por duras provações e punições que ele carregou humildemente até a morte. *Não é sem razão que Dom José de Medeiros Delgado, então arcebispo de Fortaleza, chamou-o de "mártir da disciplina"*[3] e, recentemente, o padre salesiano, Antenor de Andrade Silva, considerou sua vida "O calvário de um profeta dos sertões".[4]

Padre Cícero viveu longe das capitais, no interior do Nordeste, numa terra cuja fertilidade, em contraste com o sertão árido, simboliza o lado sagrado, místico e mítico de uma cultura de vida:

---

[2] PAROLIN, Pietro Cardeal, secretário de Estado do Papa Francisco, Vaticano, carta a Dom Fernando Panico, Bispo do Crato, 20/10/2015: No momento em que a Igreja inteira é convidada pelo Papa Francisco a uma atitude de saída, (...) a atitude do Padre Cícero em acolher a todos, especialmente aos pobres e sofredores (...) constitui, sem dúvida, um sinal importante e atual. Essa carta é apresentada na Terceira parte deste livro.

[3] DELGADO, Dom José de Medeiros. *Padre Cícero, mártir da disciplina. Documentário Pastoral*. Fortaleza, 1970, 81p.

[4] SILVA, Antenor de Andrade. *O Padre Cícero: o calvário de um profeta dos sertões*. Impressão Maqisa (Recife), 2014.

um mistério, um encanto, desde os índios Cariris. Os frutos da missão do Padre Mestre Ibiapina reforçaram essas características de sacralidade, chamada de "desequilíbrio das faculdades mentais" e "tendências para o maravilhoso", como acabamos de ler.

Mas vamos deixar essas reflexões por enquanto e pôr o pé na estrada, abrindo, enfim, o livro da longa vida de Cícero, tal como eu o descobri e entendo.

A família de Cícero

O pai de Cícero, Joaquim Romão Batista, era pequeno comerciante e morava na cidade do Crato, no Vale do Cariri. Seu avô paterno era o capitão Romão João Batista, latifundiário cratense, comandante do corpo de cavalaria do exército libertador que ajudou a consolidar a independência nas províncias do Ceará, Piauí e Maranhão, tendo exercido destacado papel na história daquela região. A mãe de Cícero chamava-se Joaquina Ferreira Gastão, vulgo Dona Quinô. Sua família provinha da Bahia. O avô materno de Cícero era o baiano José Ferreira Gastão, que casaria com a cratense Vicência Gomes Gastão. Além de Cícero (24/03/1844), os pais tiveram duas filhas: Maria Angélica Romana, vulgo Mariquinha (25/10/1842), e Angélica Vicência Romana (01/10/1849). Com eles, vivia também uma ex-escrava, conhecida por Teresa. É bom lembrar que o Ceará foi a primeira Província do Brasil a abolir a escravatura em 25 de março de 1884 (Cícero tinha 40 anos), mas que, em 30 de janeiro de 1881, um grupo de abolicionistas, incluindo um primo dele, José Marrocos, já tinha assinado o decreto seguinte: "Um por todos e todos por um: a sociedade libertará escravos por todos os meios ao seu alcance". Teresa, conhecida mais tarde pelo apelido de "Teresa do

Padre", deve ter sido alforriada muito cedo pela família Romão Batista e morreu bem velhinha, fazendo parte da família.

Cícero tinha antepassados importantes na região: por exemplo, o bisavô de Dona Quinô, Francisco Gomes de Melo, foi o primeiro capitão-mor na inauguração da chamada Vila Real do Crato, em 1764.

Mas a reputação dessa família foi também abalada por um episódio doloroso e humilhante, sobretudo naquela época. Certo coronel, José Francisco Pereira Maia, tinha sido traído por sua esposa. Em represália, jurou vingar-se seduzindo o maior número possível de moças e mulheres no Vale do Cariri e orgulhou-se de ser assim o pai de 74 filhos! Eis um exemplo da lei "mão de ferro" do coronelismo com suas tropas de jagunços, que dominavam o interior do sertão. As seis irmãs de Dona Quinô foram estupradas por esse indivíduo. Somente a futura mãe de Cícero escapou das garras desse rico coronel. Esse fato, que marcou profundamente a família do jovem Cícero, foi-nos contado por Dona Amália Xavier de Oliveira,[1] cujo pai era grande amigo do Padre Cícero.[2] Você pode imaginar os comentários e as fofocas que "voavam" nas ruas da pequena cidade de interior do Crato sobre a família de Dona Quinô e Joaquim, apontando as tias do pequeno Cícero?

---

[1] OLIVEIRA, Amália Xavier de. *O Padre Cícero que eu conheci*. Rio de Janeiro: Ed. H. Galeno, 1974.

[2] Esse drama é contado também por Francisco Nóbrega Teixeira no seu livro: *Psicobiografia do Padre Cícero*, nas edições tempo brasileiro, 2004, p. 96. Ver também Paulo Elpídio de Menezes: *O Crato de meu tempo – 1960*, p. 14; livro acessível gratuitamente na internet.

A infância e juventude de Cícero, até seus 18 anos

É junto a "Teresa do Padre" que o escritor e amigo da família, Padre Azarias Sobreira, recolheu dados relativos aos primeiros anos de vida do pequeno Cícero.[1] Eis alguns trechos dessas recordações, que escolhi para você:

> Nos ditosos tempos de sua infância, Cícero deleitava-se em brincar de preferência com suas próprias irmãs, fazendo casinhas de barro, bancos e cadeirinhas para o recreio delas. Já, então, era bem pronunciada a sua paixão pelas aves. (...) Certas vezes estendia uma empanada e com ela armava uma tenda na alcova, onde se ficava escondido horas e horas, dando a impressão de estar rezando. E para não ser importunado (...) fazia com que uma de suas irmãs se postasse do lado de fora, botando sentido.
> Acontecia também, chegando a hora das refeições, não ser encontrado em casa. Então era certo achá-lo na igreja, mergulhado em oração, ou, se já era boca da noite, na farmácia vizinha, pertencendo ao boticário Garrido, onde se detinha a escutar, com pas-

---

[1] SOBREIRA, Azarias. *O Patriarca de Juazeiro*. Fortaleza: Edições UFC, 2011 (2. ed.), pp. 32-38. (Coleção Centenário).

mosa atenção, as palestras dos homens principais da terra que ali diariamente se reuniam. Vem dessa época tão recuada o seu gosto pelo estudo da História, sobretudo do Brasil e do Cariri, que era a mania de um dos frequentadores da roda (...)

Outra coisa de que ele imensamente gostava e que nunca esqueceu de todo eram os passeios que a mamãe empreendia, periodicamente, ao sítio Fernandes, onde sempre possuiu algumas braças de terra fresca e aonde iam apanhar caju, chupar cana, arrancar raízes de macaxeira para cozinhar, e mesmo de mandioca para o preparo de bolos de massa puba, ainda hoje muitíssimo estimados no Cariri.

E tanto na ida quanto na volta, se já andava adiantando o verão, era infalível pararem em casa de parentes e amigos mais bem aquinhoados, donos de engenho onde se moía cana-de-açúcar para o fabrico de rapadura.

Ali o promissor garoto saciava a característica curiosidade de perguntar por tudo que seus olhos contemplavam (...)

Cícero começou a estudar desde os 6 anos de idade, em diversas escolas de sua cidade, entre outras, a de seu parente próximo, o Padre João Marrocos.

Com a idade de 12 anos, o adolescente tomou uma decisão impressionante para sua idade. Ele mesmo lembra muitos anos depois, no seu testamento, o seguinte:

> Devo ainda declarar, por ser para mim uma grande honra e um dos muitos efeitos da graça Divina sobre mim, que, em virtude de um voto por mim feito aos doze anos de idade, pela leitura que nesse tempo fiz da vida imaculada de São Francisco Sales, conservei a minha virgindade e a minha castidade até hoje.[2]

---

[2] Ibid., p. 399.

Não conhecemos o título do livro que revelou a Cícero a vida imaculada de São Francisco de Sales. Mas, com certeza, o menino descobriu também sua espiritualidade forte e ativa, apresentada na obra-prima *Introdução à vida devota* desse santo. De passagem, é bom lembrar que São Francisco de Sales marcou também a vida de Dom Bosco, que, na vigília de sua ordenação sacerdotal, tomou como quarto propósito: "A caridade e a doçura de São Francisco de Sales me guiarão em tudo".[3] A admiração do Padre Cícero pela Congregação Salesiana se revelará claramente no seu testamento, escrito em 1923, no qual pede que os filhos de Dom Bosco continuem sua obra após sua morte. Não é mera coincidência: é mais um "sinal" de Deus na vida de Cícero e João Bosco.

Qual é essa espiritualidade que marcou tanto e uniu esses dois homens de Deus? A *Introdução à vida devota*[4] vai nos oferecer a resposta. Este livro é destinado a todo cristão que queira crescer no amor de Deus no meio do mundo. São Francisco de Sales dedica-o à *Filoteia*, quer dizer à pessoa amante ou enamorada de Deus. Sim, é também no mundo, e não somente nos conventos, que se deve revigorar o amor a Deus e ao próximo, na densidade espiritual de cada um, ensina o santo, com seu extraordinário dom de pedagogo e educador da fé.

---

[3] AUBRY, Joseph. 3. ed. *Francisco de Sales, um mestre de espiritualidade*. São Paulo: Editora Salesiana, p. 39.

[4] Se desejar ler esse livro cheio de sabedoria e de bondade, escrito no começo do século XVII por esse grande educador da fé, São Francisco de Sales, basta procurar na internet e o encontrará na sua totalidade.

O interesse marcante dessa espiritualidade deriva do fato de ter formulado uma doutrina, uma psicologia e uma mística da ação cristã. Nele se fundariam de maneira admirável dois dotes que raramente se encontram unidos: pensamentos vivos e atividade intensa, animados ambos por uma vida espiritual de notável profundidade.[5]

O Padre Azarias Sobreira compara Padre Cícero a São Francisco de Sales nesses termos:

> (...) De São Francisco de Sales (Padre Cícero) teve, até a morte, duas das principais características: a mansidão e a pureza. Não era somente essa mansidão vulgar, que reflete apenas um temperamento fleumático e acomodatício. Pelo contrário. Era uma mansidão doçura, a mansidão conquista da vontade. Mansidão obtida à custa de indizíveis esforços para domar o arrebatamento natural. Mansidão amorosa, indulgente (...) O que mais surpreendia era a espontaneidade de suas maneiras, por mais que variassem, de sexo e idade, em redor dele, as figuras humanas. Todos o encontravam à altura dos grandes confessores da fé. Havia ainda dois traços importantes que o identificava com São Francisco de Sales: eram os dons de consolar, no exercício do amor ao próximo. (...) suas palavras, nascidas do coração e embebidas de genuíno Evangelho, iam diretamente ao coração alheio, de cujas amarguras partilhava porque sabia compreendê-las (...).[6]

Padre Cícero não foi só pessoalmente influenciado pelo exemplo de São Francisco de Sales, como também ele utilizava

---

[5] AUBRY, Joseph, op. cit., p. 18.
[6] SOBREIRA, op. cit., p. 55.

seus escritos para a formação espiritual, especialmente das "beatas". Temos em mãos o livro *Filoteia* ou *Introdução à vida devota*, que pertenceu à Beata Maria das Dores, uma das mais atuantes no Juazeiro. Descobrimos também num outro livro (*Leituras populares da Sagrada Paixão*) oferecido pelo Padre Cícero à Beata Maria Leopoldina Ferreira da Soledade, em 1890, uma frase escrita pelo sacerdote e tirada de um dos livros do mesmo santo: "Perguntas onde é a pátria ou a habitação onde amam? Leva tua cruz até o Calvário, que lá te espera Jesus que te tem amor eterno. É o Calvário o monte dos que amam a Deus".

Penso que Padre Cícero inspirou-se muito na espiritualidade (pureza, mansidão, dom de consolar quem sofre e amor ao próximo) de São Francisco de Sales no relacionamento com o povo e não seguia tanto as orientações usadas pelo padre português, Manuel Couto, no seu livro *Missão abreviada*, obra que foi bastante divulgada pelos missionários no sertão nordestino. Essa espiritualidade, exigente, moralista e duramente acética, foi muito marcada pelo "terror do pecado, da morte iminente e do fogo do inferno".[7] Entretanto, mesmo utilizando a pedagogia do "medo", própria aos métodos de evangelização dos séculos XVIII e XIX, ela sustentava também a fé do povo na misericórdia infinita de Deus, que tanto alimentou as pregações e a acolhida do Padre Cícero a todo pecador arrependido. A título de exemplo, transcrevo aqui duas das meditações encontradas nesse livro:

---

[7] COSTA, Alberto Osório de. *A "missão abreviada" do Padre Manuel Couto*. Chaves: Ed. Grupo Cultural Aquae Flavle, 2002, p. 111-118.

Considera, pecador, quão grande é a misericórdia de Deus para contigo. Pois te criando Deus à sua imagem e semelhança, pelo pecado original já estavas perdido; já estavas debaixo do poder do demônio; e Deus, pela sua grande misericórdia, chamou-te para o rebanho dos seus amigos.

Deus é um mar imenso de misericórdias para aqueles pecadores que se arrependem verdadeiramente e se emendam; está tudo em uma verdadeira conversão, confissão e emenda.

Depois dessa parada, aprofundando a influência da espiritualidade de São Francisco de Sales na vida e missão evangelizadora do Padre Cícero, nós retomamos a peregrinação no caminho pedregoso de sua longa história.

Com 16 anos, Cícero deixou a cidade natal para estudar em Cajazeiras, Paraíba, na escola do renomado educador, o Padre Inácio de Souza Rolim, nos mesmos bancos que o futuro primeiro cardeal do Brasil, Joaquim Arcoverde, e de um amigo que se tornará padre também: Constantino Augusto. Lembro-me dele, desde já, pois, encontramos na correspondência de Cícero uma longa carta escrita a este amigo, em 1914, onde confidencia toda sua vida sacerdotal. É um documento único que terá seu espaço de destaque neste livro.

Precisamos fazer mais uma paradinha, aqui, para conhecer melhor quem era esse professor, Padre Inácio Rolim, reconhecido historicamente como o "fundador" da cidade de Cajazeiras, a partir da capelinha construída na fazenda de seus pais. Além de ser o capelão, ele criou uma "escola/fazenda" com métodos totalmente inovadores. Qual foi sua influência na formação do jovem Cícero?

Procurando na internet, você encontrará vários artigos que falam desse educador excepcional. Escolhi um texto[8] que me surpreendeu e me faz pensar que Padre Rolim foi um exemplo para o jovem estudante Cícero. O título do artigo é sugestivo: "Padre Rolim: o 'Anchieta' do Nordeste":

> A imaginação material de Padre Rolim remete ao ideário do *homo faber*, da casa oficina, da casa escola como lugar do construtor, da escola como o sonho do projetista, do arquiteto, a escola das mãos. Remete a uma ideia de educação que está surgindo na modernidade com grande vitalidade. Não a escola do acúmulo e esquecimento de conteúdos, mas a escola da visão ampliada, dos projetos, do fazer, do construir. Muito nitidamente seus alunos mais ilustres foram importantes projetistas sociais, articuladores comunitários, artesãos, artífices do ajuntamento político, religioso, da regulação social na jurisprudência.
>
> A velha oficina (da fazenda dos pais) remete à marca inspiradora da educação do fazer, da educação da mão na massa, no lápis da história, no martelo. A escola forja, da bigorna e do malho. (...) Padre Rolim, um herói dos trânsitos de informação prática, dos negócios de vidas (levar as crianças, convencer os pais para educá-las, tirar de suas casas para a casa oficina, a escola rodeada de ferramentas, de lembranças do suor do artesão, do labor das mãos.). Rolim agrega a ideia do herói com a mística do informar,

---

[8] GOMES, Eunice Simões Lins; CAMPO, Leonildo Silveira. *Padre Rolim: o "Anchieta" do Nordeste*. Biblioteca virtual.

conduzir diálogos, confiar conhecimento, agregar sonhos, permitir a procriação de novos conteúdos e sonhos.

A fazenda dos pais é o cosmos de Rolim. Seu sonho cosmogônico de fundar vida nova, de arquitetar uma cidade de conhecimento? Rolim e sua cosmogonia educacional! A fazenda agrega toda a vida, é o centro do mundo do sertanejo. Desde as fontes e poços, os animais, as plantas, até a casa, o pai, a mãe. O cosmos é o sonho educacional de Rolim. A fazenda, a escola oficina velha. Um artífice de almas.

Acreditamos que esta inspiração da velha oficina que ficou escola é núcleo, cerne imaginal que percorreu e afundou o sonho de Rolim no tráfego da imaginação material aos símbolos mais antigos do homem construtor, do trabalhador que cria o mundo, do demiurgo das obras do mundo.

Enfim, imaginar é criar o mundo, é criar o universo, seja através das artes, através das ciências, ou através dos pequenos atos, profundamente significativos, ele imaginou e criou uma escola, uma casa/saber, um candeeiro aceso pela luz do conhecimento.

Conhecendo a trajetória humanitária e espiritual de Cícero, fico impressionada com a semelhança dos sonhos e dos ideais do Padre Rolim, chamado de "Anchieta do Nordeste", e de um dos seus alunos, o futuro "Conselheiro e Patriarca do Sertão". Estamos descobrindo, amigo leitor, mais um "sinal" de Deus escrito no "livro da vida" desses dois homens que assumiram a missão de servir, educar e evangelizar o povo nordestino. Vejamos.

Essas missões começaram a partir de duas capelinhas, a primeira situada no Estado da Paraíba, na fazenda do nome de uma árvore (Cajazeira), da qual o Padre Rolim fundou uma cidade do "homem/fazer", a partir de *uma escola da visão ampliada, dos projetos, do fazer, do construir*. A segunda no lugar conhecido por outra árvore (Juazeiro) onde o Padre Cícero criou outra cidade, *um "universo" de desenvolvimento sustentável, uma "cidade do saber/fazer"*! E os métodos utilizados pelos dois são parecidos em muitos aspectos. Não resisto à tentação de lhe apresentar desde já um exemplo do método de educação do *"saber/fazendo"*, próprio a Cícero e parecido com a "imaginação material" do Padre Rolim.

Esta história foi contada em mais de um livro[9] e aconteceu com Mestre Pelúsio Correia de Macedo: Padre Cícero, vendo que Juazeiro estava crescendo, ficou preocupado em propor ao povo emprego para viver dignamente.

> – Olha, Pelúsio, fico triste quando vejo essa criançada crescendo, sem ter um ofício. Já estou encaminhando uns para aprenderem a arte de sapateiro, pois é uma arte que sempre dá, todo mundo precisa andar calçado; outros, encaminhei para a ourivesaria, a fim de se tornarem bons artífices, e agora, desejo montar uma fábrica de relógios...
>
> – Meu padrinho, e onde vai ser essa fábrica?
>
> – Aqui em Juazeiro.
>
> – E onde o Senhor vai mandar buscar os engenheiros para fazê-la funcionar?
>
> – Aqui em Juazeiro!
>
> – Em Juazeiro?
>
> – Sim, homem de Deus. O engenheiro que escolhi foi você. A fábrica vai ser dirigida pelo meu bom amigo e afilhado.

---

[9] Ver, por exemplo: BARBOSA, Walter. *Padre Cícero, pessoas, fotos e fatos*. Fortaleza: Ed. Henriqueta Galeno, 1980.

– Mas, meu padrinho, eu nunca tive a menor noção de tal coisa.

– Pelúsio, para você não há problema. Temos que montar essa fábrica de relógios monumentais, a fim de servir de escola para uma parte dessa rapaziada.

– Mas, meu padrinho, como é que eu posso fazer uma coisa que eu nunca fiz?

– Fazendo a primeira vez! Olhe, vou mandar comprar um despertador. Quando esse chegar, você o desmonta, veja como funcionam as suas peças, estude-as. Depois você as montará. Quando isso acontecer, já se tem meio caminho andado para se implantar uma fábrica de relógios no nosso Juazeiro.

– Mas, meu Padrinho, e como vou fabricar essas peças?

– Meu camarada, você usa o mesmo processo dos ourives. Faz fundição em areia. Quanto às ligas dos metais, essas, os livros ensinam.

E o projeto deu certo: no Juazeiro, abriu-se uma fábrica de relógios que deu emprego a muitos jovens. Na Praça Padre Cícero, no centro de Juazeiro do Norte, ainda hoje, encontra-se um dos relógios da escola do Mestre Pelúsio que marca inclusive as fases da lua.

Eis, entre mil exemplos, um dos métodos utilizados pelo Padre Cícero, bem parecidos às de seu professor, o Padre Rolim, com sua "escola/fazer". Os dois acreditavam e confiavam nas possibilidades concretas e práticas da juventude e do povo nordestino. Eles indicavam o caminho a seguir, motivavam os alunos e afilhados, mostrando as consequências positivas de tal esforço de aprendizagem pela prática, no concreto. É o método ativo de dois grandes educadores, sendo um que foi aluno do outro, em Cajazeiras. Não esqueçamos também as influências já comentadas e que marcaram a vida de Cícero Romão Batista: a "pedagogia do trabalho em mutirão" do Padre Ibiapina e a "mística da ação cristã" de São Francisco de Sales. Como não perceber esses "sinais" de Deus na vida de Cícero? São influências que darão bons frutos na longa vida desse sacerdote, como veremos ao longo de sua história, tal como eu a vejo.

Caro leitor, paramos um bom tempo para "descansar e avaliar", como previsto no começo deste capítulo, sentados na beira do caminho de nossa peregrinação em busca dos fatos importantes da vida de Cícero Romão Batista. Observamos sua juventude, mas olhamos também o horizonte de sua longa vida, descobrindo as consequências concretas da influência que alguns homens de Deus tiveram nele desde seus primeiros anos de vida. É assim na vida de todos nós. Você já pensou nas pessoas que marcaram sua vida e foram como "sinais de Deus", "estrelas" que o conduziram até o dia de hoje?

Mas é hora de recomeçar nossa caminhada e observar o que aconteceu com o jovem Cícero, nos seus 18 anos.

Cícero, dos 18 aos 20 anos, atrás do balcão da mercearia do pai

Cícero tinha 18 anos de idade quando seu pai faleceu de cólera-morbo. A epidemia arrastou perto de mil pessoas para o cemitério da cidade do Crato. Nessa mesma época, ele perdeu também seu parente e professor, o Padre João Marrocos, que ofereceu sua vida para cuidar dos moribundos e acabou atingido pela mesma doença. Para perceber melhor o drama que aconteceu nesse ano de 1862, no Vale do Cariri, e, especialmente, na família Romão Batista, transcrevo para você um trecho da carta, escrita no dia 13 de setembro de 1862 pelo Padre António de Almeida, a Dom Luis Antônio dos Santos, primeiro bispo do Ceará:

É com a maior mágoa que participo a V. Exa. de ter sucumbido no dia 2 do corrente na cidade do Crato o Pe. Dr. João Marrocos, vítima do cólera-morbo, ou de sua dedicação, pois sou informado que prestou os socorros espirituais a quem o procurava até final prostração, achando-se acometido desde o começo da invasão da referida peste.

Corre que acabou pedindo ao menos absolvição de seus pecados e não a obteve. Disse-me o vigário que ele mandava rogar pelo S.S.

Sacramento a um nosso irmão para ouvi-lo em confissão e ele, coitado, teve a fraqueza de negar-se absolutamente. (...) Os mais sacerdotes abandonaram a cidade, inclusive o coadjutor. Era o Padre Marrocos o mais moço dos cinco assistentes na cidade e Lente de latim do Crato; era muito estudioso; inclinado ao púlpito; dado a oração; inteligente em as cerimônias e ritos da Igreja; divulgava-se nele o espírito de caridade; e era o único que ainda nestes tempos de tanta preocupação mundana recitava de tempos em tempos o seu breviário: foi uma perda grandíssima para o Crato.[1]

Mas por que foi recusado o sacramento da confissão ao Padre João Marrocos?

Só vejo duas razões que são, uma como a outra, injustificáveis: seria por que o confessor não se quis arriscar a pegar essa doença extremamente contagiosa? Ou seria por que, sendo padre, João Marrocos teve um filho chamado José Marrocos, aquele mesmo que participou ativamente do movimento abolicionista? O autor da carta, além de sua tristeza e mágoa, expressa sua profunda admiração pelo zelo humanitário e sacerdotal do Padre João Marrocos. Podemos imaginar como o jovem Cícero de 18 anos sofreu, com sua família, esse duplo luto, perdendo o pai e seu parente, assim tratado por seus confrades, em tais circunstâncias dramáticas. Cícero tinha um grande respeito pelo Padre João, seu professor, e, sobretudo, uma profunda amizade por seu primo José Marrocos, como veremos mais tarde. Isso nos revela mais uma virtude desse jovem que, mesmo tendo feito voto de castidade na idade de 12 anos, nunca alimentou preconceitos nem desprezo a respeito de padre que teria sido infiel ao celibato. Percebi essa virtude várias vezes, entre outras, lendo sua correspondência com

---

[1] Arquivo do Centro de Psicologia da Religião (CPR).

padres "amancebados", como se dizia naquela época. Vamos fazer mais uma parada no caminho, para ler uma carta que, já sacerdote maduro, ele escreve a um amigo, em 1918:

> Meu caro e bom amigo Padre Lúcio,
> *Laudetur Js. Christus*
> Recebi sua carta, onde tão expansiva e confidencialmente me escreve. Espero que Deus o tire do abismo onde os infortúnios da vida o atiraram. Deus lhe salva, lhe falo como amigo por quem tenho tanto interesse como por mim mesmo. É o sacerdócio de Deus que lhe reviste que reaja e corte de um golpe a amizade e a vida que você bem sabe quanto está fora do que Jesus Cristo quer, e deve ser um sacerdote de coração bom e inteligente como você é. Deus lhe chama e lhe quer um seu filho e bem-aventurado no céu. Para facilitar as coisas, mando convidar a mãe e a filha para aqui encarregar o João Rodrigues trazê-las no caso de quererem vir, soube que é uma professora aposentada que tem um ordenado de 600#000, aqui chega para passar modestamente. Como o meu bom amigo deve de um modo ainda mais especial amar-lhes a alma e salvação delas que tão infelizmente se distanciaram, não se oponha à vinda delas. Aqui tem sido um refúgio dos náufragos da vida: tem gente de toda parte que modestamente vem abrigar-se debaixo da proteção da Santíssima Virgem. E como é certo, que todo bem, ainda os mínimos, vem de Deus, e de todo mal Deus é quem nos livra, ou por meio da Santíssima Virgem, ou de seus santos, ou por qualquer criatura, ou diretamente por si, porque só ele, Deus, é o Criador de todas as coisas, ainda as mínimas, é o autor absoluto de todo bem e de toda graça.
> Falo assim teólogo; elas vindo em busca da Santíssima Virgem, é um bem, é Deus quem as traz, e, portanto, não se oponha. E torna-se mais fácil como você intimamente bem vê para tudo de

sua vida de padre. Elas vindo não será difícil o bispo novo, ou reintegrá-lo em sua freguesia, ou dar-lhe outra freguesia que lhe sirva. Reze, meu amigo, todos os dias o seu breviário, o rosário da Santíssima Virgem das Dores, e ame a pureza e a nobreza de sua vida sacerdotal, a sua salvação, para onde a Santíssima Virgem das Dores e o Divino Coração de Jesus lhe chamaram.

Ânimo, meu amigo, deixe tudo que Deus não quer, e vamos começar o Reino do Céu onde nos reconheceremos. Não repare falar-lhe deste modo, é o interesse que tenho de vê-lo salvo, e fora, por completo, das coisas que, você bem sabe, não podem ser em quem se salva e muito mais no meu bom amigo que quero de todo coração vê-lo no céu e é sacerdote do Senhor. Outro assunto. Como já lhe disse, os horrores da seca me obrigam para não deixar morrer de pura fome uma população inteira de necessitados, me abismaram em uma dívida tão grande, que tudo quanto alcanço é para pagar aos que me confiaram. Se não fossem essas dificuldades em que estou, não lhe emprestava, lhe dava com muito gosto de ajudá-lo na vida. Não repare mandar-lhe um pequeno socorro para suas precisões, vão inclusos cem mil réis (100#000).

Vá entender-se com o seu novo bispo, e pode acontecer que Deus lhe proteja e você se saia bem. Peço-lhe como amigo que, recebendo esta minha carta, que é uma voz de amizade que lhe tenho, comece o seu breviário, todos os dias o Santo Rosário da Mãe de Deus; a vida de bom padre, e nunca querer tirar a sua batina.

Deus *super omnia* – Oremos *ad invicem*.

Disponha sempre.
De seu amigo e irmão em Js. C.
Pe. Cícero Romão Batista

O.S.: Peço-lhe que leia mais de uma vez e reflita.[2]

---

[2] A cópia desta carta acha-se no Centro de Psicologia da Religião (CPR). A original está guardada nos arquivos dos salesianos, em Juazeiro do Norte.

Veja bem, caro leitor! Faço questão de oferecer-lhe a leitura desta carta por inteiro, como exemplo do grande coração do Padre Cícero, sem preconceitos, desde a sua juventude, como vimos em relação aos seus parentes, Padre João e seu filho, José Marrocos, até sua idade avançada (74 anos), respondendo, por exemplo, ao apelo de socorro deste amigo, o Padre Lúcio.

O que podemos descobrir nessa mensagem? Com certeza, você percebeu seu respeito e delicadeza para com o amigo e seus sábios conselhos ao mesmo tempo bem concretos? E o que você acha de sua atitude para com a senhora e sua filha? Ele não as condena nem rejeita, mas, pelo contrário, convida as duas para vir morar no Juazeiro, debaixo da proteção da Santíssima Virgem, sem forçá-las, apenas se assim elas o desejam. Isso é bem diferente da atitude de muitos, que, em condições parecidas, apontariam a mulher como a tentadora, a pecadora, e o padre, uma vítima. Você percebeu a preocupação concreta que Cícero teve para que não falte nada a essas duas mulheres? E sua preocupação para ajudar financeiramente o Padre Lúcio na situação difícil que ele passava, apesar dos tempos de terrível seca que o velho sacerdote vivia, até com dívidas para ajudar o povo a não morrer de fome?

Assim como o Padre Cícero pedia ao amigo que lesse mais de uma vez a carta e refletisse, ele convida-nos a fazer o mesmo hoje. Essa carta é muito reveladora da personalidade do Padre Cícero.

Mas, depois dessa nova parada para contemplar os horizontes da vida do Padre Cícero, vamos voltar ao ponto de nossa peregrinação, seguindo os passos desse jovem de 18 anos, chamado Cícero.

Depois da morte do pai, filho único e irmão de duas moças solteiras, ele teve que deixar os estudos durante quase três anos, para socorrer sua família, retomando os negócios do pai, que não eram dos melhores. Fico imaginando Cícero atrás do balcão da loja familiar, ajudando a mãe a vender os produtos da mercearia, para ganhar o pão de cada dia. Seu desejo de ser, um dia, sacerdote tornava-se praticamente irrealizável.

Mas, para Deus, nada é impossível. Numa noite, já com a idade de uns 20 anos, Cícero sonhou com seu pai, que lhe pedia que não abandonasse seus livros nem seus estudos.

Quando acordou, o sonho lhe pareceu como um "sinal" de Deus, uma mensagem vinda do céu. Aliás, essa tendência interpretativa dos sonhos é muito presente até hoje na tradição e cultura do povo nordestino. Cícero abriu o coração a sua mãe, Dona Quinô, que, sem condições financeiras, aconselhou o filho a falar com o rico comerciante e amigo da família, Antônio Luis Alves Pequeno, seu padrinho de Crisma. Este se comoveu com a situação do afilhado e, percebendo seu desejo ardente de consagrar sua vida ao sacerdócio, prometeu que não seria a falta de dinheiro que iria impedir sua entrada no seminário. Além disso, afirmou que providenciaria tudo para que não faltasse nada para sua mãe e irmãs. Deus usou do padrinho de Crisma de Cícero para ser mais um "sinal" em sua vida.

Com essa promessa, a corajosa Dona Quinô preparou o enxoval de seu único filho para que continuasse os estudos no seminário de Fortaleza, a 600 km da casa materna.

Cícero, o seminarista em Fortaleza

Foi então, graças a seu padrinho de Crisma, que Cícero ingressou no seminário de Fortaleza em 1865. Esse estabelecimento, fundado pelo primeiro bispo do Ceará, Dom Luis Antônio dos Santos, ficou sob a responsabilidade dos padres lazaristas no período de 1864 a 1963. Foi um importante centro de formação do clero no chamado processo de romanização da Igreja Católica no Brasil. Quando a Diocese do Ceará foi criada, havia uma população de 720 mil habitantes e apenas 33 padres. A maioria deles "amancebados". Era preciso multiplicar e formar novas vocações sacerdotais virtuosas e exemplares. Cícero entrou na segunda turma do seminário de Fortaleza recém-aberto. Todos os professores daquela época eram de nacionalidade francesa e bem pouco inculturados às tradições e costumes brasileiros. Chegaram com sua bagagem europeia, considerada, naquela época, como o verdadeiro catolicismo romano em oposição ao catolicismo dito "colonial" ou "luso-brasileiro". É importante tomar conhecimento disso, caro leitor, pois, nem sempre os seminaristas brasileiros da época aceitaram o regime europeu imposto naquele estabelecimento. Quer um exemplo significativo?

Ralph Della Cava conta a insatisfação e até uma"rebelião dos seminaristas".[1] Ele relata que existia um conflito latente entre o clero secular brasileiro da diocese e os padres lazaristas franceses:

> Uma fonte ostensiva de tensão residia na falta de gosto dos brasileiros pelos rígidos "padrões europeus" que, desde 1864, haviam sido impostos à vida do seminário de tal forma grave que persistiu durante mais de meio século. (...) Jazia latente, e cada vez mais forte, a consciência nacional dos seminaristas brasileiros e que se manifestou após a Proclamação da República.
>
> Em 1890, as tensões preexistentes e reprimidas eclodiram na "revolta dos seminaristas". No dia 13 de maio daquele ano, por ocasião do segundo aniversário da liberação dos escravos, feriado nacional, recusou-se o reitor Chevalier a suspender as aulas e ordenou que os alunos continuassem os estudos. O ato feriu, profundamente, o patriotismo dos estudantes, sobretudo dos cearenses cujo estado natal tinha sido o primeiro a abolir a escravidão em 1884. Os estudantes revidaram. Por três dias, promoveram manifestações no interior do seminário, recusaram-se a assistir às aulas (...). No terceiro dia, o bispo foi obrigado a intervir. Reuniu o corpo discente e ordenou aos organizadores que se confessassem. Ninguém obedeceu e ninguém traiu. Em consequência, o bispo fechou o seminário, mas, três meses após, o resultado da revolta consagrava a vitória dos estudantes. Dom Joaquim reabriu o seminário, tendo antes demitido o Padre Chevalier do cargo de reitor (...). E no final do ano ordenou padres os três seminaristas que haviam desempenhado papéis decisivos na revolta.

---

[1] DELLA, Cava Ralph. *Milagre em Joaseiro*. São Paulo: Paz e Terra, 1977, p. 58-59.

Cícero, aos 21 anos, viveu com os colegas essa tensão compreensível que Ralph Della Cava chama de "nacionalismo brasileiro". Veremos, mais tarde, que ele também não se curvou a todas as exigências disciplinares de seus professores franceses, e, por isso, quase não foi aceito ao sacerdócio. Seu primo, José Marrocos, que entrou na primeira turma desse seminário, não foi aceito ao sacerdócio, entre outras razões, por ser filho de padre.

Um fato interessante chama atenção e vai nos ajudar a conhecer melhor a personalidade de Cícero: durante seus anos no seminário, ele adorava ler jornais e revistas europeias. Uma delas descrevia os imensos esforços da Igreja, através da Propaganda Fide, para enviar missionários à China. Com detalhes, a revista relatava os diversos casos de martírios naquele país asiático. Nasceu no jovem Cícero o grande desejo de se oferecer para converter os chineses, consciente de que seu fim seria certamente o martírio. Comprou até um dicionário que encontramos na sua biblioteca, hoje, conservada pelos padres salesianos, em Juazeiro do Norte, e começou a estudar chinês. Mas um amigo da família o convenceu a desistir desse projeto, declarando com firmeza: "Como é que você pode abandonar a mãe viúva e as duas irmãs órfãs que só têm você como arrimo? Que religião é essa que você está seguindo, esquecendo suas responsabilidades?". Convencido, Cícero desistiu. Mais uma vez, Deus mandou um "sinal" por intermédio do "amigo da família" na vida de Cícero. Se este não tivesse ouvido e obedecido a esse conselho com humildade, a vida desse jovem seminarista teria sido tão diferente! Pode ser que hoje, seria reconhecido pela Igreja como um "santo mártir". Assim, foi o sentido de sua responsabilidade de único varão da família que fez o jovem seminarista abandonar esse projeto "louco", aos olhos do mundo, querendo sacrificar sua vida em terras tão longínquas. Mas Cícero não abandonou seu ideal. Ele queria mesmo oferecer sua vida para a salvação do mundo, onde Deus ia lhe chamar. Essa vocação missionária revelou-se em muitas cartas que ele escreveu durante sua longa existência, mandando ajudas financeiras a orfanatos e outras obras de caridade, no mundo inteiro. A título de exemplo, veja o que ele escreve ao seu bispo, Dom Joaquim Vieira, em 2 de agosto de 1887:

> É portador desta o Sr. Benjamim que entregará incluso a quantia de 117$500 réis, resultado das esmolas do Jubileu; bem mostra a nossa pouca fé e o pouco cuidado do grande negócio da eternidade. É destinada à obra da propagação da fé. Como não posso sair para converter o mundo todo, quero ao menos com este pequeno óbolo que Nosso Senhor aceite o nosso desejo.

Eis outra característica do coração do Padre Cícero, grande como o mundo. Na leitura dos arquivos, sempre me surpreendi em perceber o quanto esse sacerdote, que nasceu no interior do Ceará, tinha uma visão tão aberta e internacional. Ele, que foi chamado por alguns de seus opositores como sendo apenas um "padre da roça", interessava-se pelos problemas do mundo e, sobretudo, por como se resolviam esses problemas. Veja outro exemplo mais surpreendente ainda. Em 4 de junho de 1889, num ano de seca terrível, ele escreve a carta seguinte ao seu bispo, Dom Joaquim:

Exmo. Reverendíssimo Senhor Bispo

Angustiado por tanta aflição nem sei dizer o que sinto. O tremendo flagelo da fome apresenta-se de ante dos meus olhos com todos os seus horrores, só um milagre nos poderá salvar. (...)

Lembrei-me de pedir a Vossa Excelência, que sabe chorar com os que choram, para se interessar, por nós nos alcançando algum recurso do Governo, por meio de algum trabalho e que seria de garantia para prevenir outros anos. Temos aqui bons lugares próprios para açudes que podem ser aproveitados e este pobre povo tendo trabalho possa escapar.

Em Constantina, na Argélia, os poços artesianos têm remediado o mesmo mal que nós sofremos, e me parece que se é verdade o resultado que dão, será um remédio mais pronto e mais eficaz. Aí está uma companhia contratada pelo Governo para este fim, nos alcance um destes poços para o nosso pobre Juazeiro de proporções largas que dê para regar as terras que eram regadas pelo rio Batateira nos anos precedentes. A quantia por que cada um foi ajustado, sobra, e nosso terreno se presta do melhor modo e me parece que tem o melhor resultado. Vossa Excelência Reverendíssima por caridade e por Nossa Senhora das Dores, que é dona deste lugarzinho tão caro ao seu Sagrado Coração, seja o instrumento de que ela se sirva para nos salvar. (...)

Outras coisas que tinha necessidade de falar sobre outros assuntos já estou por demais enfadando a Vossa Excelência Reverendíssima, tão ocupado, ficará para outra ocasião. Desculpe-me. Eu sofro tanto! E é uma consolação falar com quem sabe sentir. Abençoe a minha gente e ao povinho que dirijo. Disponha sempre.

Do súbdito fiel e amigo verdadeiro,
Pe. Cícero Romão Batista.[2]

---

[2] Cópia desta carta no CPR.

Veja, caro leitor: o Padre Cícero não somente se informava por meio de leituras de revistas estrangeiras, mas descobria nelas soluções para os problemas de sua própria região, perdida no meio do Nordeste brasileiro. Ele estava sempre procurando meios concretos para ajudar o povo sofrido. A sua curiosidade não se limitava a conhecer o que acontecia no mundo, mas em que esses conhecimentos poderiam servir para solucionar problemas concretos vividos pelo povo nordestino, assolado pela seca e terrível falta de água. Você lembra que, desde a infância, o menino Cícero tinha um interesse especial para ouvir as conversas, na casa do boticário Garrido, onde se detinha a escutar, com pasmosa atenção, as palestras dos homens principais da terra que ali diariamente se reuniam? Pois é! Descobrimos mais uma característica da personalidade desse jovem Cícero, qualidade que lhe serviu muito durante sua longa existência. Homem de uma larga cultura e cheio de desejo de aprender, descobrir, e até de colecionar objetos que lhe traziam os próprios romeiros. Esse dom colocado a serviço do próximo deu a Cícero, além de uma memória fora do comum, capacidades para ser criativo e educador do povo. Num relatório escrito por um botânico alemão, veja o que este pesquisador descobriu na casa do sacerdote, após uma viagem de inspeção ao Nordeste:[3]

---

[3] VON LUETZELBUG, Phillip. *Estudo botânico do Nordeste*, n. 57, série I, 1923, p. 57. Inspeção Federal dos Trabalhos contra a Seca: Ministério da Viação e Obras Públicas. Citado por: BARROS, Luitgarde Oliveira Cavalcanti. *Juazeiro do Padre Cícero. A Terra da Mãe de Deus*. 2. ed. revista e ampliada. Fortaleza: IMEPH, 2008, p. 195, de sua tese de mestrado que temos no CPR.

Naturalmente, para mim, se tornou de capital importância conhecer e falar com o Padre Cícero e tive prazer de, à minha chegada, ser recebido e ter animada palestra com o mesmo. Este velho, de real prestígio popular, deixou-me gratas recordações. Tratou-me com delicadeza e amabilidade. De fato, trata-se de um homem que dispõe de instrução e saber invulgares: aborda com igual facilidade a política e a história brasileira; tem conhecimento profundo da história universal, ciências naturais, especialmente quanto à agricultura. Os Institutos científicos deviam entrar em contato com aquele homem que dispõe de conhecimentos excepcionais com relação à Paleontologia, Geologia e História, adquiridos, parte por observações e estudos pessoais, parte pelas indicações que colhe de seus inúmeros fiéis e romeiros, que das paragens mais longínquas trazem ao "padrinho" tudo aquilo que encontram de esquisito e extraordinário... Poderia o leitor objetar que pouca importância se deve dar aos achados dos romeiros, geralmente sem instrução. Contudo, devo notar que tive oportunidade de estudar a curiosa coleção do Padre Cícero, onde encontrei material preciosíssimo.

É mais uma das características da rica personalidade do Padre Cícero: para ele, qualquer que fosse a origem social do interlocutor, este merecia toda a sua atenção e respeito e sabia que podia aprender muito com ele. Os objetos mais diversos oferecidos pelos romeiros tinham sua importância e ele os guardava e estudava com curiosidade. Antes de Paulo Freire nascer e escrever seu livro genial chamado *A pedagogia do oprimido*,[4] Padre Cícero dava valor e interesse a tudo o que os pobres lhe apresentavam e, num

---

[4] Este livro, editado pela editora Paz e Terra, está à disposição do leitor, gratuitamente, na internet.

diálogo construtivo, valorizava e partilhava com eles suas descobertas. Essa é mesmo uma pedagogia dinâmica, reconhecendo o valor e a dignidade do "oprimido", do pequeno, do "sem vez e sem voz!". Mais uma vez, percebemos que Cícero foi realmente influenciado pelo seu professor, Padre Inácio de Souza Rolim, e sua escola/oficina de Cajazeiras, com seus métodos educativos concretos.

Mas vamos voltar a seguir o seminarista Cícero, prosseguindo sua formação na "Prainha", em Fortaleza.

Durante seus estudos na capital, Cícero já pensava em como favorecer a formação da juventude no Sul do Ceará. Em diversas ocasiões, conversando com seu bispo, Dom Luis, a quem pediu para ser seu confessor, nosso jovem seminarista já vislumbrava a importância de construir um seminário na Cidade do Crato para acolher os jovens do interior cearense. Insistiu tantas vezes, que acabou convencendo o Prelado. No álbum histórico do seminário do Crato pode-se ler, na página 30, que, vendo a grande receptividade do povo do Vale do Cariri, o bispo decidiu abrir o seminário do Crato, "como lhe tinha sugerido o Padre Cícero, então recém-ordenado".

Quem sabe se, percebendo as tensões existentes entre os professores, os lazaristas franceses e os seminaristas, em Fortaleza, Cícero não sonhasse também com a abertura de uma casa de formação mais brasileira, em sintonia com as culturas do interior do Ceará? Digo isso depois de ler um trecho de uma de suas cartas, escrita em 24 de abril de 1874, onde, recém-ordenado, confia a Dom Luis sua decepção: "E a falar com franqueza, esses missionários (franceses) não têm muito grito para estas empresas, sabem mais dirigindo (mandar) que criar (realizar): com tudo estou certo que tudo se fará, pois é obra de Deus e basta a fé".

Esses "detalhes" podem parecer-lhe secundários, mas, com a continuação da apresentação de meu "ponto de vista" sobre a pessoa do Padre Cícero, você vai perceber que eles vão esclarecer muito quem é ele e por que sofreu tanto, incompreendido por muitos e amado por uma multidão. Nosso jovem seminarista em formação nunca quis perder a sua identidade nordestina, mesmo estudando no seminário da Prainha com os padres lazaristas franceses. Quer uma prova disso? É muito fácil.

O reitor e o corpo professoral avaliavam regularmente a vocação de cada seminarista, e, no final da reunião, faziam um relatório que era transcrito no "caderno da Prainha". Nos primeiros anos do seminário, todos foram escritos em francês, o que mostra como eram grandes as dificuldades de adaptação dos lazaristas. Na leitura deste caderno, descobrimos alguns relatórios sobre o seminarista Cícero. Vou traduzir alguns trechos. Veja:

Conselho de 8 de outubro de 1867
Cícero Batista Romão. Foi dito que não merecia a ordenação, por que faz tempo que ele não se confessa nem comunga, e que ele é pouco regular, que ele tem muitas ideias confusas, que ele tem muita fé na sua própria razão: o primeiro motivo é bem mais grave, pois ele é empregado no seminário. Por esta razão, foi dito que, se ele continua assim, não poderá mais exercer este ofício em razão do escândalo que ele dava, e que, entretanto, a gente o deixaria livre para as duas ordens, para não desacreditar os professores escolhidos.

Na realidade, como sabemos pelo próprio Cícero, este se confessava com o Bispo Dom Luis e não com o confessor indicado pelo reitor. Tinha suas justificativas e defendia o que ele achava ser seu direito. E se não comungava todos os dias, era porque, naquela época, no Brasil, não era de costume nem ensinado pelo clero brasileiro. Pelo contrário: comungar era um gesto que, na cultura nordestina, devia ser feito logo após a confissão. Ainda hoje, conheço católicos que não faltam na missa de domingo, mas que pensam assim. O próprio São Francisco de Sales, no seu livro *Introdução à vida devota*, era cauteloso quanto à comunhão frequente. Ele escreve, no capítulo XX da segunda parte, tratando de "diversos avisos para elevar a alma a Deus por meio da oração e da recepção dos sacramentos":

> Comungar todos os dias é uma coisa que não louvo nem censuro. Mas comungar todos os domingos é uma prática que eu aconselho e exorto a todos os fiéis, contanto que não tenham nenhuma vontade de pecar. (...) Um juízo sobre este ponto pertence à discrição do confessor, que conhece o estado habitual e atual do penitente. (...) Contudo, podemos dizer com toda a verdade que as pessoas que querem levar uma vida devota, devem comungar ao menos uma vez por mês.

As "ideias" de Cícero eram "confusas" para quem? Para os estrangeiros que ainda não tinham feito o esforço de inclusão numa sociedade e cultura diferentes. Para nós, estrangeiros, é preciso um trabalho intenso e contínuo de inculturação para compreender por dentro uma outra cultura do que aquela que nos viu nascer e crescer. Como belga, sou testemunha disso! A teimosia de

Cícero revela justamente a sua não aceitação passiva das ordens que vinham dos professores franceses, mas o seguimento de sua própria consciência. Um seminarista, querendo se mostrar "virtuoso", bem-aceito e "passivamente obediente", teria agido diferente, como percebemos em outros relatórios que lemos no "caderno da Prainha".

Caro leitor, veja como temos que conhecer o "contexto" para entender o "texto". Senão arriscamos interpretar erradamente o que tal julgamento esconde sobre a personalidade do jovem Cícero. É bom lembrarmos aqui a justa "rebelião dos seminaristas". E também da péssima avaliação de Dom Joaquim em relação ao Padre Ibiapina, cuja formação sacerdotal foi totalmente alheia à "romanização".

Agora me diga se não parece estranho que esse seminarista, chamado Cícero, já fizesse parte do corpo professoral, dois anos apenas após sua entrada no seminário?! Como pode se explicar tal escolha, se ele não revelava grande inteligência, equilíbrio e espiritualidade? E o fato que ele foi aceito para receber as duas primeiras ordens *para não desacreditar os professores escolhidos*? Não parece que essa justificativa seja um pouco "confusa"? Certamente que não pelos padres lazaristas franceses, pois, para eles, era preciso salvaguardar a credibilidade do professorado perante os seminaristas. Preservar a "autoridade", sem falhas, pelo menos aparentes, é a atitude típica de um sistema disciplinar rígido, que era próprio ao "processo de romanização".

Dom Luis conhecia muito bem o seminarista Cícero, com seu temperamento forte, seu ideal missionário e suas ideias bem pessoais. Ele não hesitou em ordená-lo sacerdote. Mas não foi por "favoritismo", como escreveram alguns, entre outros, Dom Joaquim Vieira, seu sucessor, querendo colocar dúvidas na seriedade dessa vocação, depois dos "fatos de Juazeiro".[5] Faz pouco tempo, foi descoberto nos arquivos da Diocese do Crato o processo regular de 78 páginas, concluindo pela aceitação do seminarista Cícero ao sacerdócio, assinado por Monsenhor Hipólito Gomes Brazil, no dia 7 de setembro de 1869. Como todo seminarista, e após investigações, Cícero foi julgado apto a ser ordenado sacerdote. Para pagar o dote prescrito pela Igreja da época, sua família vendeu uma parte do famoso Sítio Fernandes, onde, quando criança, "Cicinho" gostava de passear com sua mãe, Dona Quinô, e apanhar caju, chupar cana, subir nas árvores.

---

[5] É assim chamado o fenômeno da transformação da hóstia em sangue na boca da Beata Maria de Araújo, no dia 1º/03/1889 e que modificou totalmente o julgamento de Dom Joaquim em relação ao Padre Cícero, como veremos mais tarde.

Padre Cícero: Primeira fase de sua vida sacerdotal

Até 1º de março de 1889, dia da primeira transformação da hóstia em sangue, na boca da Beata Maria de Araújo, na Capela de Nossa Senhora das Dores

Ordenado sacerdote em 30 de novembro de 1870, Cícero retornou ao Crato, perto dos seus, esperando sua nomeação para qualquer ministério. Enquanto isso, ele deu curso de latim no Colégio Padre Ibiapina, pertencente a seu primo, o abolicionista José Marrocos.

Foi naquela mesma época que Dom Luis tomou atitudes drásticas em relação ao Padre Mestre Ibiapina. Em 1863, o bispo, na sua missão de romanizar o Ceará, já tinha proibido aquele padre de visitar Sobral, sua terra natal. Em 1869, é a grande influência desse sacerdote no Vale do Cariri que incomodou Dom Luis. Por isso, em 1872, ele veio até o Crato para, entre outros motivos, pôr as casas de caridade sob controle episcopal. O Padre Mestre Ibiapina entregou tudo, sem murmúrio. Escreveu sua carta de adeus emocionante.[1] Eis aqui, apenas alguns trechos:

---

[1] PINHEIRO, Irineu. *Efemérides do Cariri*. Fortaleza: Imprensa Universitária do Ceará, 1963, p. 156-157.

(...) Adeus, bom povo do Cariri novo, eu vos abraço sem exceção (...) vosso coração era meu, como o meu era e é vosso (...) adeus, gentes todas dessa terra de onde sou retirado por altos juízes de Deus, para que sofra o coração que gozou as ternuras do amor da pátria e as doces consolações da amizade. Beijo este papel e nele fecho meu coração para ser visto nestas poucas palavras pelo bom povo do Cariri Novo (16/09/1872).

Para o Padre Cícero e o povo da região, a expulsão do Padre Ibiapina foi vivida com grande desolação. O punho da romanização feriu profundamente a cultura e as tradições populares do catolicismo dito "colonial", onde as confrarias dos leigos tinham grande liderança. Um dos objetivos da romanização era retirar a autoridade dos leigos dentro das Igrejas e das confrarias e centralizá-la no clero.

Mesmo formado no seminário da Prainha, centro de formação romanizante, o Padre Cícero seguiu o exemplo pastoral do Padre Ibiapina em muitos pontos. Sabemos que, no seminário, ele não se alinhou muito à disciplina dos padres lazaristas franceses, com seu temperamento independente e considerado obstinado. Como Ibiapina, o Padre Cícero recrutou, desde o início, mulheres solteiras ou viúvas do povoado, algumas delas que tinham sido beatas do Padre Mestre, nas casas de caridade do Vale do Cariri. Entre elas, encontravam-se analfabetas, como a Beata Maria de Araújo, mas também professoras, como a Beata Isabel da Luz e empreendedoras como a Beata Joana Tertuliana de Jesus, chamada de Mocinha, governante eficaz da casa do padre e sua tesoureira. Ele recebia também homens, chamados de beatos, a quem dava grandes responsabilidades, como foi o caso do Beato José Lourenço e da Comunidade do Caldeirão da Santa Cruz. Acreditava e valorizava a ação dos leigos na Igreja e, mesmo que os movimentos tivessem de ter como presidente um sacerdote, segundo as exigências da "romanização", Cícero não retirava às "rezadoras" e "rezadores", beatas e beatos, seus papéis de animação nas comunidades. A devoção ao Sagrado Coração de Jesus é o exemplo típico dessa maneira inteligente de o padre juntar "romanização" e "devoções populares" em Juazeiro do Norte e nas famílias dos romeiros: a entronização do Coração de Jesus (devoção importada da França, fruto da romanização) na casa de um recém-casal está sempre sob a responsabilidade de um padre, que só pode benzer a imagem, mas a renovação anual dessa consagração é confiada às "rezadoras", conhecidas no bairro como responsáveis dessa sagrada missão.

Depois de mais uma parada em nossa peregrinação, voltamos ao Padre Cícero, recém-ordenado, morando na casa da mãe e dando aulas de latim, enquanto esperava a carta do bispo comunicando-lhe aonde iria prestar seus serviços na diocese. Segundo o Padre José Comblin,[2] Cícero pensava ser chamado a fazer parte do professorado no seminário de Fortaleza, como tinha feito durante sua formação. O que aconteceu para que ele fosse nomeado capelão num povoado insignificante como era Juazeiro, a 12 km de Crato? Vejamos como, mais uma vez, o "sinal" de Deus apareceu na vida de Cícero Romão Batista.

Desde 1827, uma capelinha, dedicada a Nossa Senhora das Dores tinha sido construída numa terra doada pelo Brigadeiro

---

[2] COMBLIN, José. *Padre Cícero de Juazeiro*. São Paulo: Paulus, 2011, p. 13.

Leandro Bezerra Monteiro. Perto da capela, três pés de juazeiro, e algumas casinhas. Era o lugar onde os viajantes descansavam à sombra das árvores, antes de chegar ao Crato. Cinco capelães já tinham prestado alguns serviços aos moradores desse lugarejo.

Ao nosso conhecimento, a primeira carta na qual se fala de Cícero como sacerdote foi escrita em 2 de fevereiro de 1871. O Padre António de Almeida escreve a Dom Luis, queixando-se justamente que "o Cícero" não podia ajudá-lo nas confissões em Juazeiro. Ele tinha apenas dois meses de ordenação. Veja também em que estado se achava a capelinha de Nossa Senhora das Dores:

> Cheguei aqui no dia 20 do passado. Entrei em exercício no dia 23 do mesmo. Minha família estava em paz. O que achei em lamentável estado foi a igrejinha do Juazeiro, que ao desabar a única torrinha que tinha para cima do teto, este partiu pelo meio a madre, que sustentava o coro, ficando por este desastre o Juazeiro sem templo. Vão se arremedando, todavia; mas será por pouco tempo, porque a frente está fechada por tal maneira que admira já não ter desabado. Os paredões estão arruinados, o teto muito mal consertado (...) tendo desaparecido o coro. Celebra ali o Pe. José Gonçalves, só aos domingos e com os únicos paramentos, que já eram usados em 1858. Achei o povo aqui com muito falta de um sacerdote que vá ouvir o moribundo em seus últimos instantes. Devíamos contar com o Cícero; mas este diz que não tendo sido habilitado para confessar, não se deve prestar *in articulo mortis*, onde há outros provisionados, deixando-me só neste trabalho, que, reunido ao da escola, põe-me quase sempre em vexame (...).

Como? O jovem Padre Cícero não podia confessar? É preciso esclarecer aqui uma lei que muitos de nós, leigos, não conhecemos: segundo o Código de Direito Canônico (cânon 965), cada sacerdote recebe o poder de perdoar, mas é só depois de um exame, feito, às vezes, depois da ordenação sacerdotal, que lhe é dada a habilitação para ser ministro da confissão (cânon 966). E isso é lei para todos os sacerdotes. O jovem Padre Cícero passou por esse exame durante o ano de 1871, depois do dia 2 de fevereiro. É por isso que, por obediência, não quis confessar antes de ser habilitado, contrariando assim o Padre António de Almeida.

A habilitação lhe foi acordada logo depois dessa carta, após ter passado por exame obrigatório.

Fazia tempo que, na Capelinha de Nossa Senhora das Dores, em Juazeiro, não se celebrava a Missa de Natal, chamada popularmente missa do Galo. Um dos moradores foi até a casa do Padre Cícero e este aceitou prontamente prestar esse serviço ao povoado.

A partir daquele dia, o jovem padre foi confessar e celebrar a Eucaristia todos os domingos, no Juazeiro, a 12 km da casa de sua mãe.

Numa tarde, depois de ouvir as confissões, Cícero dirigiu-se para a escolinha do lugar, para descansar e dormir, tendo a mesa do professor como travesseiro. Aí teve um sonho que marcou sua vida até a morte: ele viu o Sagrado Coração de Jesus rodeado pelos 12 apóstolos entrando na sala onde ele mesmo, Padre Cícero, estava dormindo. Quando Jesus ia começar a falar aos apóstolos, entrou de repente na sala uma multidão de retirantes. Então, Jesus dirigiu a palavra àqueles pobres e, depois, voltou-se para Padre Cícero e ordenou: "E você, Padre Cícero, tome conta deles". Então o sacerdote acordou. Ficou espantado, mas pensou, refletiu e entendeu que esse sonho era mesmo uma ordem do Sagrado Coração de Jesus. Decidiu mudar-se para Juazeiro, com sua mãe e suas irmãs, e pediu logo ao bispo sua nomeação como capelão.

Como um sonho pode mudar a vida de uma pessoa, não é mesmo, amigo leitor?! Para Cícero esse sonho foi mais um "sinal" claro e determinante de Deus, como acontece também em cada uma de nossas vidas, quando se quer ouvir sua voz e obedecer a seu chamado.

Eis a resposta de Dom Luis ao pedido do jovem sacerdote:

> Fazemos saber que atendendo ao que por sua petição, nos envia-
> da a dizer do Rdo. Cícero Romão Batista da freguesia do Crato,
> deste bispado: Nomeamos por bem do mesmo peticionário como
> pela presente nomeamos capelão da Capela de Nossa Senhora das
> Dores da povoação do Juazeiro, da dita freguesia, por tempo de
> um ano, se antes não lhe mandarmos o contrário, o qual capelão
> servirá bem fielmente como convém a Deus, o serviço da mesma
> capela, administrando aos fiéis todos os sacramentos, ensinando-
> -lhes a doutrina cristã, absolvendo-os de todos os pecados, ainda
> mesmo dos reservados deste bispado, fica autorizado a habilitar,
> (...) comutar votos não reservados e aplicar indulgências na hora
> da morte, segundo a fórmula de Benedito XIV. E lhe recomenda-
> mos muito a boa direção das almas dos fiéis que com ele se confes-
> sarem, do que dará conta a Deus, Nosso Senhor.

> Dada passada em visita ao 26 de setembro de 1872
> † Luis, bispo do Ceará

Essa nomeação foi claramente uma resposta ao pedido do Padre Cícero. Ser capelão num lugar tão pobre, tão "insignificante" aos olhos de quem procuraria promoção clerical, seria absurdo. Não era e nunca foi o caso do padrinho. Seu ideal pastoral era se colocar ao inteiro serviço dos "degredados filhos da terra", como foram chamados os imigrantes famintos de tudo, chegando aos milhares de todos os recantos sofridos do Nordeste brasileiro. Dom Luis deve ter-se lembrado da carta que recebeu anteriormente do Padre António de Almeida, descrevendo a situação abandonada do povoado de Juazeiro, sem padre e com a capelinha em ruína.

Como não recordar aqui as repetidas orientações do Papa Francisco pedindo aos padres e bispos "evitar o carreirismo daqueles que, em vez de servir os outros, se servem dos outros!". Se fosse "carreirista", o jovem Padre Cícero nunca iria querer cuidar de uma capelinha em ruínas, num povoado miserável. Ele tomou a sério seu sonho, que era de cuidar do povo e dos desvalidos, nesse pequeno lugar, respondendo a um pedido expresso que, para ele, vinha do próprio Sagrado Coração de Jesus. E quem poderia afirmar que não fosse? Quem somos nós para nos intrometer nos desígnios de Deus e duvidar de um chamado recebido com tanto amor e que deu tantos frutos até hoje?!

Sabemos que a capela estava em ruínas. Desde 1875, em mutirão com o povo, Cícero construiu, durante quase dez anos, uma Igreja maior e mais segura. Em razão de anos de seca, a construção exigiu grande sacrifício e muita paciência. Mas o povo não abandonou a luta, com a animação segura do capelão. Foi somente em 1884 que Dom Joaquim Vieira, segundo bispo do

Ceará, sagrou o novo templo. Entretanto, ainda não se conservava permanentemente as hóstias consagradas no sacrário.

Em 1886, Padre Cícero escreve ao bispo e faz um pedido que, pessoalmente, me emociona:

> (...) Como desde muito soube V. Revma. tenho desejo de colocar um sacrário em nossa pobre capela onde Jesus sacramentado é verdade que entre pobres e pequeninos onde falta tudo, nos console, nos anime, nos fortifique. É nosso verdadeiro amigo entre nós. Eu desejava fazer aqui um céu para sua morada; porém V. Revma. não ignora a pobreza deste lugar, é o Jó do Cariri. A capela, V. Exa. já viu, o sacrário, o Padre Reitor é quem fez a encomendar a meu pedido, acho que estará decente. O que tenho de alegar para conseguir o meu desejo é que, não obstante aqui ser um lugar pequeno e pobre, é mesmo muito populoso e distante da matriz três léguas, onde os enfermos morrem sem viático por falta desse recurso.

E a resposta do bispo não tardou:

> (...) tenho a satisfação de responder-lhe que, atendendo as peculiares condições da capela do Juazeiro, onde reside um sacerdote ilustrado e zeloso, estou autorizado a conceder-lhe a faculdade de conservar o Santíssimo Sacramento nessa capela para aumento da piedade dos fiéis, e cumprimento de seus deveres religiosos (...).

Durante dezessete anos, Padre Cícero exerceu aí seu ministério praticamente escondido. Andava de sítio em sítio, pregava constantes missões, celebrava novenas, terços e procissões. Dedicou-se a corrigir os vícios e os abusos morais, sendo, ele mesmo, um exemplo de virtude. Procurou alimentar a fé e animar a prática religiosa do povo. Acolhia os nordestinos que fugiam da seca e que queriam viver "à sombra da Mãe das Dores" e sob as orientações do padre. Para isso, escolheu três caminhos, além de sua profunda vida de oração: a convivência com o povo, as visitas domiciliares nos sítios, de preferência a pé, e as pregações, seja nas novenas e missas, seja nas reuniões diárias ao anoitecer, na rua, diante de sua casa. Reconhecemos mais uma vez a influência concreta da espiritualidade de São Francisco de Sales nos métodos pastorais usados pelo Padre Cícero. Seu jeito sacerdotal de ser atraiu pouco a pouco os padres da região do Vale do Cariri, procurando conversar, pedir conselho, se confessar e ajudar quando chegavam multidões de penitentes.

Padre Cícero utilizava frequentemente, como os missionários jesuítas, o teatro e a música para representações de cenas bíblicas. Reis Vidal, que conviveu com o sacerdote, conta que:[3]

Comemorando o vigésimo aniversário de seu vicariato, em 1892, o Padre Cícero realizou as festas da semana santa com solenidades impressionantes para o sertanejo. Tendo importado diretamente da França, para tal fim, alfaias e imagens de tamanho natural, e evocando detalhes em Chateaubriand e outros historiadores católicos, procurou reviver, em imponente via-sacra, os episódios bíblicos de Jerusalém que deram origem ao cristianismo, tendo por epílogo a cena angustiante do Calvário. Foram extraordinários os efeitos produzidos. (...) Também os jesuítas haviam feito representações da paixão de Cristo, com proveito admirável. No Juazeiro, repetia-se a catequese, e mais uma vez, pelos olhos e pelos ouvidos, a religião entrava na alma simples daquela gente.

---

[3] VIDAL, Reis. *Padre Cícero*. Rio de Janeiro, 1936, p. 37-38.

Mas outro santo marcou também o capelão de Juazeiro. Quem será? O Padre Azarias Sobreira,[4] que o conheceu também de perto, descreve o apostolado do Padre Cícero nestes termos. Escolhi apenas alguns trechos:

> Do Cura d'Ars (Padre Cícero) teve o zelo da glória de Deus. Zelo que lhe fez passar perto de 17 anos em missão permanente na humílima capelinha de Juazeiro. Zelo que o compelia a ensinar, quase diariamente, por uma hora inteira da tribuna sagrada, o Evangelho ou a Teologia, a um auditório que o escutava religiosamente e nele enxergava o exemplo vivo das grandes virtudes cristãs. Zelo que o impelia a passar, dia após dia, dez, dozes horas sentado no confessionário, onde se operavam pasmosas conversões entre os seus penitentes.
> Quantas intrigas desfeitas! Quantos casais reconciliados! Quanto lobo transmudado em cordeiro! Quantas quantias restituídas depois de roubadas! Quanto bacamarte trocado pelo rosário! Quanta preguiça trocada pelo trabalho dignificador! Ler a biografia do Cura d'Ars é entreler a história do Padre Cícero, com ligeiras modificações, nos seus primeiros vinte anos de sacerdócio. (...) E com que prudência, com que recato e solicitude verdadeiramente apostólica, o Padre Cícero exercia o sagrado ministério na direção das consciências! (...) Padre Cícero tinha um amor apaixonado da pobreza, que foi, por dilatados anos, a dama eleita de seu coração.

Outra grande característica da ação do Padre Cícero foi também sua preocupação em ensinar ao povo como cuidar de sua saúde e da mãe-terra. De fato, ele tinha bastante conhecimento dos remédios medicinais que a natureza oferece. Ensinava até mesmo ao seu bispo, Dom Luis, como lemos numa de suas cartas:

---

[4] SOBREIRA, Azarias. *O Patriarca de Juazeiro*. 3. ed. Fortaleza: UFC, 2011, p. 62.

Remeto pelo Padre Jose Maria uma porção de manacá que V. Exa. me pediu, não sei se chegará, mas em outra ocasião oportuna mandarei mais para tentativa, julgo que o que vai chegará. Por aqui costumam tomá-lo em banho morno e do mesmo cozimento do banho bebe um pouquinho em quantidade muito diminuída; mas eu aconselho que, quanto ao uso interno, não deixe ser feito sem ordenação de médico, porque em alta dose é venenoso (12/01/1876).

O povo, faminto de tudo, via nele o médico do corpo como da alma. Não são poucas as cartas e bilhetes que encontramos na correspondência do Padre Cícero. E nas suas respostas, ele mesmo dava tanto orientações medicinais como espirituais. Eis aqui apenas três exemplos:

Meu afilhado José, a paz de Deus o guarde. Dê ao rapaz 2 purgantes de jalapa; no chá de hortelã, faça cozinhamento de velame corobo e cabeça de negro. Ele tome 3 xícaras por dia. Se banhando com o seguinte: bote uma panela com água, casca de quina-quina e o rapaz lava a boca, o rosto e esfregue bem a cabeça. Quando Deus quer, água fria é remédio.

Disponha sempre do Padrinho (14/04/1920).

Meu afilhado Salviano, Deus o guarde. Você vai bem em seu lugar. Faça cozimento de velame, puninha e batata-de-purga; tome uma xícara pela manhã e outra à noite. A Santa Virgem lhe abençoe e nosso Deus.

De seu Padrinho (13/02/1929).

Meu afilhado Manoel Vicente, Deus o guarde em saúde, paz com todos os seus. Tome o chá de batata, cávola e velame muito tempo de manhã e de noite. Reze o seu ofício às almas do purgatório, todo dia.

Do padrinho e amigo (25/04/1930).

Os ensinamentos do Padre Cícero visando preservar a natureza do sertão foi tal, que hoje ele é reconhecido como um modelo de ecologista e patrono das florestas pelo movimento internacional Greenpeace.

O pesquisador, educador e amigo, Daniel Walker escreve, num de seus artigos,[5] o seguinte:

> No Cariri, há mais de cem anos, quando ninguém falava em ecologia, o Padre Cícero – como extraordinário homem de vanguarda que foi – se antecipava e ensinava preceitos ecológicos aos romeiros. Eram coisas simples, como "não derrubem o mato; não toquem fogo no roçado; deixem os animais viverem; não matem os passarinhos; utilizem as plantas medicinais", mas que surtiam um grande efeito. Essa iniciativa de Padre Cícero, hoje largamente disseminada no Nordeste, foi elogiada por ecologistas de renome, como o professor J. Vasconcellos Sobrinho, no seu livro *Catecismo de Ecologia* (Vozes, 1982), e Dr. Rubens Ricupero, ex-ministro do Meio Ambiente, o qual, em artigo publicado no jornal *O Globo* (19.01.94), disse que Padre Cícero "pregou em pleno sertão nordestino a palavra que hoje a consciência ambiental a duras penas começa a inscrever na nossa visão de mundo". Muito antes de que

[5] WALKER, Daniel. "Padre Cícero e a educação ambiental". Artigo disponível na internet. Ver: "Aprendendo com a experiência de Daniel Walker".

se realizasse a I Conferência Internacional sobre o Meio Ambiente, em Estocolmo, em 1972, ele teve essa percepção aguda de algo que constitui antes de tudo um interesse legítimo, identificado por quem está próximo da realidade.

Estes são os conselhos ecológicos já bem divulgados e atribuídos ao "Patriarca do Sertão":

1. Não derrube o mato, nem mesmo um só pé de pau.
2. Não toque fogo no roçado nem na caatinga.
3. Não cace mais e deixe os bichos viverem.
4. Não crie o boi nem o bode soltos; faça cercados e deixe o pasto descansar para se refazer.
5. Não plante em serra acima, nem faça roçado em ladeira muito em pé: deixe o mato protegendo a terra para que a água não a arraste e não se perca a sua riqueza.
6. Faça uma cisterna no oitão de sua casa para guardar água da chuva.
7. Represe os riachos de cem em cem metros, ainda que seja com pedra solta.
8. Plante cada dia pelo menos um pé de algaroba, de caju, de sabiá ou outra árvore qualquer, até que o sertão todo seja uma mata só.
9. Aprenda a tirar proveito das plantas da caatinga, como a maniçoba, a favela e a jurema; elas podem ajudar você a conviver com a seca.
10. Se o sertanejo obedecer a estes preceitos, a seca vai aos poucos se acabando, o gado melhorando e o povo terá sempre o que comer; mas, se não obedecer, dentro de pouco tempo o sertão todo vai virar um deserto só.

Padre Cícero não se limitava a dar esses conselhos ecológicos ao sertanejo. Azarias Sobreira, por ocasião do centenário da ordenação do Padre Cícero, em 1970, fez uma palestra no Seminário da Prainha em que deu o seguinte o testemunho:[6]

Cada vez que o Padre Cícero tinha notícia de um novo produto agrícola ou de uma fruta desconhecida que se pudesse ajustar ao nosso clima, empenhava-se em obter sementes e as mandava plantar os que tinham terras apropriadas. Dessa forma, difundiu o cultivo de diversas variedades de laranja, abacaxi, cana-de-açúcar, algodão, maniçoba, e vários tipos de mandioca. (...) No fim de 1899, sendo ainda muito viva a lembrança da terrível seca do ano anterior, como pernoitasse na casa do sítio de Manuel Gonçalves Sobreira, de Palmeirinha, foi o Patriarca pessoalmente, com pessoas dessa família, escolher um local com mais umidade; e ali plantou, com as próprias mãos, algumas sementes de uma variedade de jerimum, então muito afamado. E dizia: "Isto aqui é para matar a fome de muita gente pobre, quando vier outra seca". (...) Ao cair as primeiras chuvas de 1901, os pés de abóbora plantados pelo Padre estenderam sua ramagem de forma impressionante; e, nos dias mais cruéis de fome, dali foram retirados tantos frutos que só acreditou quem foi ver. Inesperado e provincial recurso que saciou muitas bocas famintas, dando aos pobres da vizinhança coragem para esperar a safra de feijão que já se vinha avizinhando.

---

[6] SOBREIRA, Azarias. Um centenário sem precedentes. In: DELGADO, José de Medeiro; SUCUPIRA, Luis; SOBREIRA, Azarias. *Memorial da Celebração do Centenário da Ordenação Sacerdotal do Padre Cícero Romão Batista.* Fortaleza: A Fortaleza, 1970. p. 28.

Com o povo, Padre Cícero viveu momentos terríveis de seca, procurando, por todos os meios, acudir os flagelados que chegavam de diversas regiões do Nordeste. A título de exemplo, vamos ler o que ele escreve ao bispo:

> É na maior angústia que escrevo a V. Exa. e por uma ocasião tão lamentável que eu não queria para não levar a partilhar do excesso de nossas aflições. Passamos por um estado de cousas que apenas se julgaria possível, porém só se vendo como o povo inteiro reuniu um excesso de tantos sofrimentos, parece que Deus enchendo a medida abandonou o Cariri.
>
> Sei que V. Exa. é já acercado de tantos negócios, eu não devia pedir, porém estamos em tal extremo que só se quer socorro, e por isso desculpe eu enviar este ofício dirigido ao Presidente da Província para V. Exa. mandá-lo apresentar e exigir alguma providência, que já temos mandado três com esse e nem sequer tem a delicadeza de responder.
>
> Oh! Que se Nosso Senhor não tiver piedade de nós! Eu nunca pensei ver tanta aflição e desespero juntos; os cães saciam-se de carne humana, nos caminhos, no campo. Por toda parte, é um cemitério, e o que mais aflige é que nem ao menos têm as consolações da fé, sem sacramentos, sem nem ao menos uma voz amiga que lhes fale da Eternidade, onde vão sumir como viveram abandonados dos homens e como que até de Deus. Tudo fala de retirar-se, ficarei eu à mercê de Deus, ao menos darei absolvição aos que puder, embora depois Deus disponha o que for servido. Peço a V. Exa. que, achando conveniente, mande que o Padre Benjamim, prestando exame de confessar com os padres do Seminário daqui, lhe mande passar a provisão de confessar que a necessidade é grande, e, se for possível a V. Exa., me conceda a faculdade de

celebrar na quinta-feira Santa, que aqui ficando um pouco distante do Crato, é pesado por aqueles que quiseram comungar neste dia e mesmo é uma consolação entre tantas lágrimas. Abençoe ao amigo e servo de V. Exa. Revma.

Pe. Cícero (20/02/1878)

A morada do Padre Cícero, com o correr dos anos, tornou--se a casa de todos, desde pobres retirantes e mendigos, até ricos comerciantes, políticos, padres, estrangeiros. Havia dias em que repartia a mesa com umas 30 pessoas de todas as classes sociais. O padre contava com a Beata Mocinha para "governar" a casa. Mas quem é essa beata que o Rei do Baião, Luiz Gonzaga, imortalizou com sua música: "Minha Santa Beata Mocinha"? No *Dicionário mulheres do Brasil*, v. II,[7] pode-se ler:

Há controvérsia quanto à cidade de origem, de Joana Tertulina de Jesus, mais conhecida por Beata Mocinha. Alguns dizem ter sido Quixadá outros Jaguaribe, ambos municípios do Ceará, no final do século XIX. Após ter sido adotada por João Mota e sua esposa, conhecida por Dona Professora (nome atribuído a ela por ter sido a primeira a montar uma escola, paga pelo governo, naquela região), foi conduzida a Juazeiro. Poucos anos após a adoção, Dona Professora teria sido transferida a Quixadá. Tendo em vista a fragilidade da saúde da jovem Joana Tertulina, que nos seus 11 anos vivia tossindo e sofrendo hemoptises, Dona Professora ressentia-se dos riscos que a viagem causaria à frágil saúde da jovem adotada. O casal submeteu o impasse ao parecer do Padre Cícero,

---

[7] Na internet, pode se ler esse texto, na rubrica "Beata Mocinha".

que prontamente dirimiu a questão, sugerindo ao casal deixar a jovem sob seus cuidados.

A índole conciliadora da jovem Joana e seus dotes administrativos a conduziria, em futuro próximo, ao gerenciamento da casa de Padre Cícero. Segundo o pároco Azarias Sobreira, durante decênios seria como um "anjo de boa inspiração" para o Padre Cícero, em horas das mais aflitivas de sua existência. Era ela que conseguia que o padre tomasse os medicamentos prescritos pelo médico, convencê-lo a fazer as parcas refeições de cada dia, nos momentos críticos de sua saúde. Era ela também que impedia que a multidão, chegada de terras distantes e desejosos de um contato com o Padre Cícero, entrasse de roldão casa adentro – eram homens e mulheres de todo o Nordeste. Joana, com sua capacidade de coordenar, sua voz firme e poder de comando, foi providencial na organização da vida econômica e administrativa do lar de Padre Cícero, assim como exímia zeladora de sua saúde.

Padre Cícero contava com o apoio e a grande admiração de Dom Luis, o seu bispo. Em 1883, Dom Joaquim Vieira assumiu a Diocese do Ceará e depositou nele a mesma confiança.

Vendo em Padre Cícero um sacerdote exemplar, profundamente doado ao povo, o bispo confiou-lhe mais uma segunda missão: ser o pároco da Igreja de São Pedro, hoje Caririaçu, continuando, entretanto, a residir em Juazeiro.

A correspondência entre os dois é muito reveladora. Veja um trecho da carta de Dom Joaquim:

Acompanha esta cartinha uma portaria pela qual encarrego V. Revma. de administrar a paróquia de São Pedro, sem tempo determinado. Sei quanto ama esse Juazeiro; mas a incumbência que lhe faço não lhe obriga a ir residir em São Pedro: é somente para ir dar a parte espiritual àquele povo, quando lhe for possível.

Não sei bem quanto distante de Juazeiro é São Pedro: se for perto (...) (22/12/1887).

Podemos entender a falta de conhecimento geográfico do bispo, responsável de uma diocese do tamanho do Ceará. Mas, entre Juazeiro e Caririaçu, são nada menos do que 30 km numa subida árdua para chegar até o sopé da Chapada de Araripe. Sessenta quilômetros a cavalo, e uma estrada cheia de curvas perigosas, de pedras e areias para responder ao pedido de seu bispo. Ainda bem que nosso padre era um cavaleiro excelente e robusto, segundo o que afirma quem o conheceu.

Eis a resposta do Padre Cícero:

Recebi a provisão e com ela uma carta de V. Exa. encarregando-me da freguesia de São Pedro. O modo benigno e caridoso com que me tratou me fez esquecer a dificuldade do trabalho. Celebrei a primeira missa no dia 29 de janeiro (...) depois de ter celebrado aqui, no Juazeiro. É realmente um "servição" porque é distante de cinco léguas e de mau caminho, contudo irei assim mesmo com Nosso Senhor ajudar-me. Não satisfarei como convém porque só serviria eu passando a minha residência para lá, o que absolutamente me é impossível e nem Vossa Excelência exigiria de mim um tamanho sacrifício, que seria quase como a morte. Contudo, irei fazendo o que puder (...) (28/02/1888).

É impressionante constatar nessas cartas o profundo laço de amor que existia entre Padre Cícero e seu Juazeiro. Esse amor era conhecido na diocese e até lembrado pelo próprio Dom Joaquim.

Era um vínculo paternal tão intenso, um cuidado tão carinhoso do pastor para com as ovelhas. Imagino o que diria o Papa Francisco: "Esse Padre Cícero amava mesmo o cheiro de suas ovelhas e era recíproco!". Este laço existiu desde a chegada do Padre Cícero em 1872. De fato, a um pedido de Dom Luis para que seja professor no Seminário São José, no Crato, Cícero responde: "Estou pronto (a dar aulas no seminário) ainda que esteja satisfeito com a vida que levo entre este bom povinho que me estima como pai" (17/05/1877).

Se o povo o estimava como pai, é claro que era em consequência da sua atitude, que, pois se relacionava com "este bom povinho" como a filhos queridos. Não é por acaso que, até hoje, milhões de nordestinos, seus devotos, o chamam de "meu padrinho" (pequeno pai). Ressoam em mim, mais uma vez, palavras do Papa Francisco: "Nunca tenham medo da ternura!". Com certeza, Padre Cícero não tinha medo de expressar e viver "a ternura" com o povo de Juazeiro e os visitantes.

Vamos voltar um momento, para observar os horizontes da vida do Padre Cícero: mesmo com idade bem avançada, ele não hesitava em assumir pessoalmente, como pai, situações delicadas. Em 9 de janeiro de 1934, uma jovem afilhada, em desespero, escreve ao padrinho:

> Meu Padrinho Cícero,
> bote uma bênção em todos meus irmãos, irmãs, pai e mãe.
>
> O fim desta carta é para saber se o senhor me quer para eu ir para a casa do senhor ou para a casa de minha avó que mora aí porque eu não posso morar aqui. Aconteceu um desgosto muito grande

em mim, que meu coração não deseja mais morar aqui. Eu tenho desejado tanto a morte e tenho tido muita vontade de beber veneno que, se eu não for para lá, o meu fim é este, porque apanhou gente pelo meu respeito, morreu gente pelo meu respeito e tem gente preso pelo meu respeito. Eu estou que o senhor bem sabe o barulho que se deu pelo meu respeito, que às vezes imagino que não me salvo quando morrer, vou para o inferno.

Me dê um conselho, que estou sem plano. O meu pensamento só me dá para me matar.

Da afilhada e amiga,
Maria Baptista Vasconcelos

Veja a carta do Padre Cícero aos pais e sua resposta a Maria:

Amigo João Baptista,
Deus e Nosso Senhor o abençoem.

Recebi uma carta de sua filha Maria, na qual ela me relata o sofrimento em que se encontra, motivado por um desgosto de família, (...) o caso pode dar lugar a consequências desastrosas. Nestas condições resolvi fazer-lhe este pedido encarecidamente, que o senhor consinta na vinda dessa sua filha para aqui, onde ficará na companhia da avó e do tio, sob a minha direção. Espero que o senhor não faltará a este meu pedido, e, portanto, fico esperando pela moça, a fim de ouvi-la e orientá-la, de acordo com o que me parece justo e concorde com a vontade de Deus. De seu amigo atencioso,

Pe. Cícero Romão Batista

Maria, Deus a abençoe!

Nesta data, escrevo a seu pai, pedindo para ele consentir na sua vinda aqui. Espero que ele me atenderá. Enquanto não vier, tenha paciência, reze todos os dias, pela manhã e à noite, o seu rosário, retirando do seu espírito todas as ideias más, principalmente, a de beber veneno, porque isto são coisas ensinadas pelo demônio para perder as criaturas.

De seu padrinho e amigo,
Pe. Cícero Romão Batista

É impressionante, caro leitor: você está notando que foram algumas semanas antes de seu falecimento que Padre Cícero respondeu a esta carta desesperada da afilhada Maria, que pensava até em suicidar-se?! Prontamente, ele propõe uma solução concreta e não hesita em convidar a jovem a vir ficar junto dele, para ouvi-la, aconselhá-la, ajudá-la. Quanta ternura! Quanta delicadeza nessa correspondência! Só um coração de pai bondoso age desse jeito. Como não nos lembrar da parábola do "filho pródigo" ou, melhor, do "pai misericordioso"?

Mas depois de mais uma parada para observar o jeito do Padre Cícero tratar o povo até o final de sua vida, admirando sua absoluta doação, que o faz ser parecido a São João Maria Vianney, o Santo Cura d'Ars, patrono e modelo dos sacerdotes, vamos continuar nossa peregrinação, pois estamos apenas na metade da longa existência do "padrinho dos pobres". E muitas surpresas nos esperam no caminho, muitos acontecimentos alegres e sofridos que vão modificar por completo a missão sacerdotal do

Padre Cícero e o futuro da pequena aldeia de Juazeiro. Voltamos ao tempo...

Estamos em 1888! Nesse mesmo ano, foi mais um período de grande seca. Padre Cícero e o povo fizeram penitência, pedindo socorro a Deus. Certo de ser atendido pela misericórdia divina, o padrinho fez a promessa de construir uma Igreja, em honra ao Sagrado Coração de Jesus, no alto de uma pequena montanha, na serra do Catolé. Vieram chuvas abundantes e as obras começaram no maior entusiasmo.

Padre Cícero: Segunda fase de sua vida sacerdotal

A Beata Maria de Araújo e o fenômeno da hóstia sangrando: dez anos da "questão religiosa"

Amigo leitor, não se assuste! Vamos agora peregrinar numa parte da vida do Padre Cícero, cheia de mistérios, espantos e grande sofrimento. Vamos entrar em cavernas escuras, subir em morros, atravessar rios perigosos, a contracorrentes, viver momentos extraordinários e também difíceis e dolorosos. Eu queria poupar-lhe essa parte do caminho, mas é impossível: seria arrancar do "livro da vida" do Padre Cícero páginas centrais de sua longa e sofrida existência. O discípulo de Jesus passa também pelos "sinais" da paixão e da cruz. Então vamos, com coragem, continuar com ele, nossa peregrinação?

Sabemos que 1889, ano da Proclamação da República, foi, para o Brasil, um ano político e econômico bastante turbulento. Em todo o interior do Brasil, os meses que antecederam a Proclamação da República foram vividos num clima angustiante de fim do mundo. Para muitos, era o advento do anticristo e dos inimigos da Igreja. Ser republicano ou maçom era visto por muitos como a ascensão dos filhos do diabo no governo do país. É nesse ambiente que aconteceu, em Juazeiro, um fato extraordinário e misterioso que iria criar uma reviravolta também dramática na vida do capelão de Juazeiro, até então considerado por todos, e por seus superiores, um modelo de santidade.

Primeiro de março de 1889: era a primeira sexta-feira do mês. Será também uma data marcante na vida sacerdotal do Padre Cícero: um dia divisor na sua história. Não foi ele o protagonista do acontecimento, como veremos logo. Então, quem foi o protagonista? Foi uma pobre mulher mística ou doente? Será o próprio Cristo se revelando num fenômeno extraordinário? Ou será a obra de Satanás, segundo a opinião de alguns. Vamos tentar descobrir, com calma, com honestidade, buscando da verdade, continuando sempre nossa caminhada à luz de candeeiro de nossa fé.

Naquele dia, muitos devotos passaram a noite em vigília reparatória ao Sagrado Coração de Jesus, na pequena capela da Mãe das Dores. Padre Cícero passou horas confessando os homens. Todos estavam esperando a hora para poder participar da missa pela manhã. Mas Padre Cícero, lá do confessionário, observou um grupo de mulheres que tinham ficado a noite inteira em oração, e teve compaixão delas. "Como elas devem sentir fome!", pensou o sacerdote. Por isso, saiu do confessionário e resolveu dar-lhes logo a comunhão, para que elas pudessem ir até suas casas, tomar café e voltar a tempo para assistir à Eucaristia. Gesto bonito e profundamente humano de um pastor preocupado com a saúde de suas ovelhas, e que não queria que elas padecessem por excesso de penitência. É preciso lembrar aos mais novos dos meus leitores que, naquela época, para comungar, era preciso estar em jejum completo desde a véspera. Só era permitido beber água, se realmente fosse preciso.

A Beata Maria de Araújo tinha 28 anos. Com 26, já havia apresentado sinais estranhos de aparecimento de chagas nas mãos, nos pés e no coração, quando meditava a paixão de Cristo. Padre Cícero tinha comunicado o fato ao bispo, que aconselhou prudência, discrição, em que foi obedecido prontamente pelo sacerdote e pela própria beata.

Mas, naquele dia 1º de março, ao receber a comunhão, a Beata Maria de Araújo caiu por terra, em êxtase. No mesmo momento, a hóstia se transformou em sangue, tão abundante, que caiu no chão e manchou até seu braço. O mesmo fato repetiu-se todas as quartas e sextas-feiras da Quaresma e, depois disso, a partir do domingo da paixão até o dia da Ascensão.

Na mente do Padre Cícero e de todos os assistentes, incluindo o clero da região do Cariri, não havia dúvida: o sangue aparecido na hóstia era o próprio sangue de Cristo. Para quem estava assistindo à cena, era mais um "milagre eucarístico", como já tinha acontecido em diversos países da Europa, como em Lanciano, na Itália, nos anos 700,[1] e mesmo em Louvaina, na Bélgica, cidade onde estudei e fui professora.[2] Lá, em 1374, uma hóstia também se transformou em sangue na boca de um jovem que duvidava da

---

[1] NASUTI, Nicola: *O milagre eucarístico de Lanciano – Documentação histórica, teológica, científica e fotográfica*. Litografia Botolini scr, 1988. Na internet: <http://www.cmns.mnegri.it/lanciano/eucharistic_miracle>.

[2] WILS, Jos. *Le sacrement de miracle de Louvain*. Louvain, 1905.

presença eucarística. Na Igreja São Tiago, em frente à casa onde eu residia, a relíquia do sangue ainda é objeto de veneração.

Na segunda parte deste livro, o Padre Cícero vai contar-lhe com mais detalhes como aconteceu esse fenômeno da transformação da hóstia em sangue na boca da Beata Maria de Araújo. Ele viu! Eu não! Mas você pode imaginar o susto de todos os que estavam na capela naquela hora. E a pobre beata, apavorada, pensava que era um castigo de Deus. Logo, a notícia espalhou-se na região e mesmo no nordeste inteiro. A 600 km de Juazeiro, o bispo, Dom Joaquim, só ficou sabendo do acontecimento na leitura de um artigo de jornal. Com razão, ele não gostou de não ter sido avisado logo. Veja alguns trechos da carta que o bispo escreveu a Padre Cícero, no dia 4 de novembro do mesmo ano, oito meses depois da primeira transformação da hóstia na boca da Beata:

Revmo. Sr. Pe. Cícero

Um fato da maior gravidade leva-me a dirigir a V. Revma. esta cartinha, que escrevo às pressas para aproveitar o correio que deve partir daqui a poucas horas. Refiro-me ao boato que por aqui corre com relação à Beata Maria de Araújo.

Em 1886 V. Revma. referiu-me alguma coisa à cerca de certas maravilhas praticadas por esta devota; guardei reserva, esperando que o tempo viesse esclarecer o negócio de modo a não deixar dúvida. Monsenhor Monteiro, sem me consultar, deu publicidade ao fato, que foi publicado pelos jornais. Com franqueza lhe digo: não gostei da história, porque estes fatos só devem sair à luz quando bem averiguados. Agora, porém, o negócio toma uma feição muito séria, pois que interessa a muita gente, abalando o povo (...). Como bispo desta diocese, não posso ser estranho a esse movimento, e por isso interpelo V. Revma. sobre o fato, pela seguinte forma: primeiramente estabelecerei a seguinte preliminar: sou amigo e admirador de V. Revma., confio na sua sinceridade e na sua ilustração, e por isso o julgo incapaz de qualquer embuste.

(...) Feitas estas considerações, determino a V. Revma. o seguinte: faça-me com a maior urgência uma exposição minuciosa de todas as circunstâncias que precederam, que acompanharam e subseguiram o fato, para que eu possa tomar as providências atinentes ao caso. Enquanto se espera por esse juízo final, proíbo expressamente a V. Revma. de qualquer manifestação a este respeito. Estou persuadido que V. Revma., ilustrado e piedoso como o é, não se escandalizará com esta minha determinação (...).

Seu humilde servo e admirador
† Joaquim, Bispo Diocesano

Aqui vão alguns trechos da resposta do Padre Cícero ao bispo:

Recebi duas cartas de V. Exa. Revma. que me obriga a pedir a V. Exa. Revma. não desculpa, mas muita indulgência e perdão.
O fato extraordinário de que V. Exa. Revma. já tem alguma informação não só por Monsenhor Monteiro, como por mais alguém para a maior honra e glória de Deus, eu sou obrigado a dizer a V. Exa. Revma. que é verdade porque fui testemunha muitas vezes. Ainda que exceda a pouca fé minha e de outros, que não sabemos os excessos de amor do Sagrado Coração de Jesus fazendo esforço para salvar os homens, não posso duvidar, porque vi muitas vezes. Alguma pessoa sempre viu alguma cousa e não soube calar-se, mas eu fiz quanto pude para abafar disfarçando o negócio; (...) Eu me conservei sempre no firme propósito de ocultar tomando toda cautela para que não se visse fazendo comungar (a Beata Maria de

Araújo) separada das outras. (...) Como Monsenhor Monteiro tinha de ir entender-se com V. Exa. Revma. a respeito do seminário, escrevi para que ele dissesse e comunicasse a V. Exa. Revma.(...) Chega Monsenhor Monteiro no Crato, esqueceu-se de falar a Vossa Reverendíssima, o que eu até estimei. Porém vindo ao Juazeiro sabendo do fato, Monsenhor vai ver o sangue sem duvidar que era do Salvador, adora-o e comovido demais, voltando ao Crato publica em um sermão convidando o povo para vir com ele ver e adorar. Marca esta romaria para a festa reparadora que era no primeiro domingo do mês, dia do Precioso Sangue. Quando eu soube, fiquei para morrer de vexame. Chega o dia, lá vem Monsenhor e bem três mil pessoas de todas as condições, e o que haveria de maior no Crato. Desejava sumir-me pelo chão angustiado, a pobre beata, que é humilde na altura das graças que recebe, só não morreu de aflição por milagre. Monsenhor é o pregador da festa, tira uma das toalhas embebidas neste sangue, e, mostrando, fez um sermão que foi um pranto, como se estivessem todos assistindo à morte do Salvador; parece-me que se eu não chorei de contrição porque a minha aflição era outra. Neste mesmo dia se dá o mesmo milagre, eu esperando, dei a comunhão cedo, ainda procurando que não se visse. Nestas ocasiões a beata não se governa, e arrebatada em uma estase profunda (...). Com esta publicação de Monsenhor Monteiro todo mundo queria saber de mim mesmo a verdade do fato. Eu não podia mais ocultar, porque me parecia uma espécie de escândalo e desconserto para Monsenhor Monteiro; me via obrigado a afirmar e satisfazer a curiosidade e piedade do povo. O que eu devia fazer era o que tinha assentado, comunicar a V. Exa. Revma. tudo; porém chove gente de toda parte, um aluvião de povo, tudo querendo se confessar contritos, dezenas, centenas de romeiros aos quinhentos, aos mil, aos dois mil, o tempo não chega mais para nada. A fé se desperta por onde vão levando a notícia como uma faixa elétrica. Famílias e mais famílias, uns a cavalo, outros a pé. Quanta gente ruim se convertendo, outro vendo milagre de graça. (...) Monsenhor Monteiro dirá outros fatos a V. Exa. Revma. (...) Eu, vendo a necessidade e obrigação de escrever a V. Exa. Revma., não só para dar uma satisfação como para pedir perdão do que realmente fui um grande imprudente. Desde que recebi a ordem de V. Exa. Revma., publiquei a proibição, cumpri e estou cumprindo sagradamente para que N. Senhor e V. Exa. Revma., ainda que não cessou a afluência de povo, é uma cousa enorme, só uma ordem religiosa podia remediar (...) (07/01/1890).

Na verdade, como você leu na resposta do Padre Cícero, este tinha pedido ao reitor do seminário do Crato para explicar ao bispo, de viva voz, o acontecimento. E este se esqueceu de dar o recado. Estranho, não?! Em psicanálise isso se chama "ato falho". Acontece com todos nós: eu esqueço algo importante e, em consciência, estou certa que de foi "sem querer", mas, na realidade, esse esquecimento foi inconscientemente desejado por mim. E o mais interessante é que o Padre Cícero, com toda sua sinceridade, reconheceu que "estimou" esse esquecimento. É prova de que os dois se sentiam na obrigação de prevenir o bispo, por obediência, mas, ao mesmo tempo, tinham medo de suas previsíveis reações negativas. O "ato falho" foi uma solução inconsciente para resolver provisoriamente a tensão e o conflito entre o "dever" e o "medo". Mas só fez piorar a situação! Dentro do "processo de romanização", esse conflito é bem compreensível, pois a disciplina rígida, vindo da Europa, ia chocar-se com tais fenômenos místicos acontecendo até na boca de uma mulher analfabeta e negra! Poderemos avaliar esse "choque cultural" nos próximos acontecimentos da vida do Padre Cícero em relação à hierarquia da Igreja.

Nessa carta, se vê que a vontade do Padre Cícero era mesmo de não divulgar nem exibir ao povo a beata comungando e fazer disso um espetáculo. A mesma discrição foi procurada quando, alguns anos antes, a beata apresentava estigmas no momento em que ela meditava sobre a paixão de Jesus. Mas esses cuidados não foram suficientes: Juazeiro foi invadido por curiosos e penitentes, e Padre Cícero, inundado de pedidos de confissões. As conversões de multidões confirmavam o sacerdote e seus colegas de que estava acontecendo um sinal extraordinário da misericórdia divina no meio do sertão. Não era para menos.

No começo, a questão do fenômeno foi, sobretudo, discutida entre padres e bispos em termos teológicos, em referência à interpretação da doutrina de São Tomás de Aquino sobre os "milagres eucarísticos":[3] A grande questão era esta: se, por acaso, a transformação da hóstia em sangue é um fenômeno inexplicável pela ciência e reconhecido como milagre, será que poderia *adorar* o sangue como sendo de Jesus ou apenas venerá-lo como se venera a imagem de um santo? Em teologia, existe, de fato, a diferença entre "latría" (adoração) e "dulía" (veneração).

Você sabe, caro leitor, que muitos de nossos irmãos evangélicos consideram que nós, católicos, adoramos as imagens (latría), quando, na verdade, só as veneramos (dulía). Essa questão teológica foi discutida em quase todos os "milagres eucarísticos" .

---

[3] Para quem desejar consultar, ler na *Suma teológica* de São Tomás: IIIa, questões 75 a 77.

que aconteceram no mundo. O sangue que sai da hóstia pode ser adorado ou somente venerado? Até hoje, os teólogos ainda estão discutindo a questão. Mas não é aqui o lugar para longas discussões teológicas. Na realidade, elas nem poderiam ter sido compreendidas pelo povo simples do sertão, no século XIX. Entretanto, eu não podia deixar de confiar-lhe o quanto essa questão tomou muito tempo e criou bastantes incompreensões entre o povo, o clero e certos bispos.

Desde o começo dos "fatos de Juazeiro", Dom Joaquim interpretava a doutrina de São Tomás assim: se for provado que, em Juazeiro, estava acontecendo um "milagre eucarístico", não poderá adorar (latría) os panos ensanguentados, "pois não é nem pode ser o sangue de Jesus, que só o derramou uma vez, na cruz". Apenas poderá ser venerado (dulía) como um "sinal" admirável vindo de Deus.

Ao contrário, o Padre Cícero e outros sacerdotes, assim como José Marrocos, interpretavam diferentemente a doutrina de São Tomás: se for comprovado o milagre, com certeza, o sangue saindo da hóstia consagrada deve ser adorado (latría), sendo o próprio sangue de Jesus. Até Dom Arcoverde, mesmo condenando os fatos de Juazeiro como sendo embuste, discordava de Dom Joaquim quanto à sua interpretação da tese de São Tomás:

> Julgo que está em oposição ao que diz São Tomás, a doutrina de V. Exa. contida nestas palavras... Logo dada essa hipótese que figura V. Exa., aliás figurada também por São Tomás, tem ainda lugar a presença real de Nosso Senhor Jesus Cristo *in sacramento*. Logo, a

essa hóstia assim representada é divida a adoração ou o verdadeiro culto de *latría* (13/01/1892).

Infelizmente, Dom Joaquim nunca foi até Juazeiro para observar de perto o que estava acontecendo. Ele recebia somente notícias diversas, contraditórias, algumas entusiasmadas, outras desprezando tanto a beata como o Padre Cícero e os devotos do "sangue precioso". Só depois de dois anos, o bispo tomou providências e nomeou uma comissão de inquérito para investigar seriamente o que estava acontecendo na região do Cariri.

Mas, dois dias antes, no dia 19 de setembro de 1891, Dom Joaquim publicou para toda a diocese uma "decisão interlocutória", onde afirmava que "aquele sangue não é e não pode ser o sangue de Nosso Senhor Jesus Cristo", conforme a sua interpretação da teologia de São Tomás.

Monsenhor Francisco de Assis Pereira, especialista na matéria, escreve, no seu estudo aprofundado:[4]

> Se foi temerária e intempestiva a afirmação do Pe. Cícero de que o sangue que aparecia na boca da beata era o sangue de Nosso Senhor Jesus Cristo, não menos temerária e precipitada foi a proposição de Dom Joaquim, dizendo que aquele sangue "não é e nem pode ser o sangue de Nosso Senhor Jesus Cristo". Aqui entra não só uma questão de fato, mas também uma questão de princípio. Dom Joaquim excluía, antes de qualquer investigação e pronunciamento oficial da Igreja, que aquele sangue pudesse, em hipótese alguma, ser o sangue de Cristo.

---

[4] PEREIRA, Francisco de Assis. *Padre Cícero no Santo Ofício*. Natal, 2004, p. 19 (pesquisa não publicada, que se encontra no CPR).

Dez dias após a leitura desse documento oficial, em 28 de setembro de 1891, padres e leigos de Juazeiro reagiram e enviaram ao bispo uma petição, colocando em questão a tal decisão interlocutória, e apelando para Roma, a fim de resolver a questão. Entre nós, o futuro primeiro bispo do Crato, Padre Quintino, foi também o primeiro sacerdote a assinar tal apelação.

Junto a essa petição, Padre Cícero escreveu a Dom Joaquim, profundamente emocionado e com problema de consciência:

(...) Nunca me vi em condições tão aflitivas: Deus é testemunha do grandíssimo embaraço em que me vejo, de grande repugnância que sinto e graves apreensões que se apoderam do meu espírito ao ver-me na dura necessidade de escrever esta carta sobre um assunto em que V. Exa. Revma. pensa de modo diverso do que está em minha consciência, tendo em vista o respeito e amizade que eu devo a V. Exa., me foi ordenado por uma decisão interlocutória que eu me desdissesse do púlpito que "o sangue que se tem manifestado nas sagradas formas aqui não é, nem pode ser o sangue de Jesus Cristo (...).

Acredite V. Exa. que os fatos extraordinários que aqui se têm dado e têm sido vistos e observados por milhares de pessoas, as mais competentes, têm produzido imensas conversões em todas as classes, e de pecadores os mais obstinados, e feito reviver a fé no coração de todos como uma crença espontânea e intuitiva. A vista de tudo isto (...) tomei a resolução sem a menor intenção de ofender a V. Exa. Revma. levemente e sim forçado por minha consciência, e com todo respeito e acatamento apelar da sentença de V. Exa. Revma. à Santa Sé, *usando do direito que nos concede a Santa Igreja*, protestando desde já obedecer de todo o meu coração como a Deus mesmo a qualquer decisão (...). Digo a V. Exa. que a apelação está feita, mas eu a submeto a V. Exa. rogando que, se achar conveniente como um meio mais pronto para a decisão deste negócio, a faça seguir ou então suspenda a decisão que deu V. Exa. e consulte a Santa Sé, ficando-me o direito de também fazer consultas a este respeito. Peço a V. Exa. humildemente, como a um pai compassivo e bondoso, que na complicação em que me vejo me dê conveniente orientação, a fim de que a religião, a fé e a salvação de tantas almas não venham a ser prejudicadas. (...)

O.S.: V. Exa. Revma. me queira perdoar fazer aqui esta nota: Scaramelli, jesuíta de muita nota na sua obra, *Método de direção espiritual*, refere um fato da hóstia derramar sangue e não considerou erro chamar sangue divino.[5]

A petição foi rejeitada por Dom Joaquim, que a considerou um desacato à autoridade diocesana. A apelação não foi enviada por ele a Roma.

Foi somente em 21 de setembro de 1891, dois dias depois de ter publicada sua "decisão interlocutória", que Dom Joaquim nomeou uma comissão de inquérito formada por dois sacerdotes, os mais letrados da diocese: os Padres Clycério, seu secretário particular, e Antero, doutor em Teologia formado em Roma. O inquérito durou um mês (de 09/09 até 13/10) e, após ter presenciado e analisado mais de uma vez o fenômeno da transformação

---

[5] O Padre Jesuíta Scaramelli foi chamado pelo Papa Paulo VI: "o mestre no discernimento dos espíritos". Esta referência do Padre Cícero revela o quanto ele leu e estudou sobre a questão dos "milagres eucarísticos", como também seu primo, José Marrocos, como veremos mais adiante.

Dom Joaquim também leu diversas obras tratando desse assunto, mas que contradiziam Scaramelli.

da hóstia em sangue na boca da Beata Maria de Araújo, após ouvir e confrontar diversas testemunhas, a comissão concluiu que se tratava realmente de fatos que não tinham explicações naturais, e que não era um embuste. O bispo não ficou satisfeito com as conclusões. Para ele, não somente o sangue não era nem poderia ser o de Jesus Cristo, mas ele ficou cada vez mais convencido de que o fenômeno era o resultado de um subterfúgio inventado pela beata ou manipulado por José Marrocos. Uma das razões dessa convicção do bispo resultou da "desobediência" de Maria de Araújo à orientação por ele dada de sair da residência do Padre Cícero e ir morar na casa de caridade do Crato. "Uma santa nunca iria desobedecer à ordem de seu bispo", concluiu Dom Joaquim. Consequentemente, os fatos que aconteceram com ela na hora da comunhão não podiam ser milagrosos. Na realidade, como veremos mais em detalhes na segunda parte deste livro, o bispo não tinha dado uma ordem, mas apenas um pedido insistente, deixando ao Padre Cícero a responsabilidade de discernir se era conveniente ou não realizar essa mudança de domicílio.

Dom Arcoverde enviava regularmente seu parecer em relação aos fatos de Juazeiro. Seus julgamentos, muito duros, influenciaram, com certeza, o bispo do Ceará em suas indecisões. Veja, por exemplo, este trecho de carta:

> É incrível! Eu tomo Padre Cícero por um hipnotizador ou um magnetizador e a infeliz Araújo por um médium que age sob o influxo do padre ou sob a sugestão com intervenção do demônio

para produzir as ilusões e maravilhas de que sabemos.[6] Suponho que ele tem já desobedecido a ordens de V. Exa., conservando em sua própria casa a companheira de suas experiências de magnetismo e do moderno hipnotismo. Além de ser proibido pela Igreja que um padre se dê a essas experiências e com uma mulher que tem consigo, cresce de ponto a temeridade e a insubordinação sacrílega de fazerem-se semelhantes experiências com gravíssimo desacato de Jesus Cristo sacramentado e abuso da credibilidade do povo simples e ignorante exposto a adorar sangue de galinha, de gato, de porco etc. (25/10/1891).

Dom Arcoverde até repreende o bispo do Ceará por não ter tomado medidas drásticas mais cedo:

(...) O que se tem feito no Juazeiro sob a autoridade dos sacerdotes é inaudito. Nesta parte, permita que um seu irmão e amigo lhe seja franco, V. Exa. tem grande culpa, tem sido demasiado condescendente. Devia ter suspendido o Padre Cícero desde o momento que ele lhe desobedeceu, devia ter suspendido Padre Monteiro quando propalou do púlpito as inconveniências que sabemos pelo menos, suspenso de pregar até segunda ordem, devia ter mandado recolher na capital a Maria de Araújo sob pena de excomunhão (...) (12/12/1891).

Alguns dias depois, Dom Joaquim se defende de ter sido condescendente e justifica sua prudência:

---

[6] Lembramos que os fenômenos aconteciam também na casa de caridade do Crato, sem a presença do Padre Cícero, que morava a mais de 10 km. A sua influência hipnotizadora ou magnetizadora, se houvesse, não poderia ter efeito sobre a beata, nessa distância. Mais um exemplo de "convicção" sem provas!

(...) Isto dito, devo esclarecer a V. Exa. que não me tenho conduzido passivamente, inativamente, na apreciação dos fatos do Juazeiro e nas medidas a eles consequentes; nem outro podia ser o meu procedimento. Cumpre, porém, observar-se que o Juazeiro está a 100 léguas desta capital, e não é fácil a comunicação entre estes lugares. Esta circunstância é importante para se poder julgar das minhas condições. (...) Posso eu proibir que mais de 20 sacerdotes acreditem no milagre, embora estejam ilusos? Vê, pois, V. Revma., quanto por nas providências que devo tomar. Numa palavra, Sr. Bispo, os milagres são possíveis, e os fatos de Juazeiro são extraordinários: estou convencido, plenamente convencido de que não são sobrenaturais, divinos, mas é preciso prudência na direção do negócio (...) (28/12/1891).

Caro leitor, vamos fazer mais uma parada nesse momento de nossa peregrinação: longe de mim a pretensão de julgar Dom Joaquim como pessoa nem colocar em questão suas retas intenções e sua prudência. Mas é impossível não questionar o método por ele adotado para resolver e esclarecer tão delicada questão. Vejamos: ele não foi até Juazeiro para conhecer a beata, testemunhar as comunhões quando a hóstia sangrava. Ele esperou dois anos para constituir uma comissão de inquérito. Enquanto isso, as romarias para Juazeiro só aumentavam, sem que ninguém pudesse proibir tal movimento popular. Em vez de esperar os resultados da comissão que ele mesmo nomeou, apresentou oficialmente sua interpretação da teologia de São Tomás sobre os "milagres eucarísticos", interpretação não partilhada por todos os teólogos: o que provocou reações adversas que poderiam ter sido evitadas. Ele julgou a beata desobediente e, por isso, indigna de receber de Deus favores místicos, quando, na realidade, ele não tinha ordenado categoricamente sua mudança para o Crato. São exemplos de comportamento que revelam, a meu ver, uma personalidade insegura: às vezes, passiva e indecisa; outras vezes, rigidamente ativa e autoritária.

Depois dessa reflexão sobre o comportamento de Dom Joaquim, voltamos ao dia 28 de novembro de 1891, dia em que o Padre Clycério apresentou ao bispo o relatório do inquérito que realizou em Juazeiro, com o Padre Antero. Como previsto, o Prelado se mostrou logo decepcionado e não aceitou as conclusões do processo, que afirmava que os "fatos de Juazeiro" não tinham explicações naturais.

Assim escreve o Padre Clycério ao Padre Cícero:

> Prezado colega e amigo Padre Cícero. Antes de ontem cheguei a esta cidade (Fortaleza) a dar conta de minha bem delicada e difícil missão. É na mais íntima confidência que lhe comunico (...) que achei o Sr. Bispo muito prevenido contra os negócios do Juazeiro e não bem-disposto a aceitar provas em favor do caráter divino daqueles mesmos fatos (...). Não se quer aqui admitir que a doutrina de São Tomás – está verdadeiramente o corpo de Jesus Cristo nas hóstias transformadas em sangue, etc. –, realmente noto até certa confusão nos espíritos, sobretudo quanto se refere a esses negócios daí, que já incomodando bastante. (...) o Padre Chevalier, com sua pretensão a teólogo, é quem dá aquela interpretação a São Tomás (...).

Recusando os resultados da comissão, Dom Joaquim deu ordem ao Padre Alexandrino, novo pároco de Crato, para prosseguir com as investigações como se fossem a continuação do inquérito, mas com a recomendação de que o subterfúgio seja descoberto a todo custo. Deu ao padre instruções e orientações sigilosas para a condução do processo. O Padre Alexandrino escreve, na sua volta de Fortaleza: "Tenho guardado a maior reserva possível sobre o que pretendo fazer, em observância das instruções contidas no memorial que V. Exa. me deu. Espero em Deus cumprir fielmente tudo quanto V. Exa. me prescreveu (15/02/1892)".

Em três dias (entre 20 a 22/04/1892), o Padre Joaquim Sother de Alencar, capelão da casa de caridade, deu a comunhão à beata, fora da missa, obrigando-a a ficar de boca aberta durante 15, 16 e 20 minutos, na presença do Padre Alexandrino, de outros padres, de médicos e juízes. Todos observaram que a hóstia não se transformou em sangue. Logo se concluiu que Maria de Araújo utilizava algum sortilégio no momento de fechar a boca. Mas qual sortilégio? As três experiências, por si mesma, não apresentavam uma resposta científica a essa questão que Dom Joaquim desejava tanto.

Preciso agora contar o que aconteceu alguns dias depois dessas experiências realizadas com a beata. Prepare seu coração, caro leitor, pois o que vou contar-lhe parece mais uma novela, mas é a pura verdade. Nosso caminho está cheio de surpresas, não é mesmo? Veja só!

Um mês antes do começo do segundo inquérito e, por obediência à ordem do bispo, Padre Cícero entregou a urna contendo os panos ensanguentados ao Padre Alexandrino, não sem angústia. Este a depositou em segredo num sacrário fechado na Igreja da Penha, no Crato. Quando as experiências com a beata foram terminadas, o Padre Alexandrino abriu o sacrário com a única chave que ele guardava na sua própria casa e descobriu que a urna tinha sido roubada. Ele escreve a Dom Joaquim a espantosa notícia:

> (...) No dia em que eu e o Padre Manuel Cândido verificamos o roubo, o Padre Cícero aqui estava e mostrou-se, ao saber tal notícia, aflitíssimo e suas primeiras palavras foram estas: "Virgem Nossa Senhora, quem mais vem a sofrer por causa disto sou eu".
> As suspeitas nesta cidade recaem mais sobre Sr. J. Marrocos, mas não há provas nem indícios veementes de ter sido ele o roubador dos panos (...) (02/05/1892).

Mas por qual razão Marrocos teria roubado a urna? Certamente para evitar que fosse feito um exame minucioso dos panos e que o embuste fosse descoberto, julgou Dom Joaquim.

Só 18 anos depois, em 1910, quando José Marrocos faleceu, foi recuperada a urna que ele guardava religiosamente em sua casa, numa pequena capela, onde só ele entrava para fazer suas longas orações. Tal comportamento revela mais a crença que ele tinha da presença do sangue precioso de Jesus do que uma tentativa de esconder um subterfúgio. Se fosse, teria sido mais lógico destruir a "prova do crime" do que guardá-la preciosamente numa capela.

Mas voltemos à questão intrigante para o bispo e, até, para todos nós: se sortilégio for, como ele se faria? Como explicar cientificamente e provar que foi um truque? Diversas explicações foram dadas, mas nenhuma comprovada até hoje.

Descobrindo, por exemplo, na biblioteca de José Marrocos, depois de sua morte, livros como *Précis d'analyse chimique quantitative* [Tratado de análise química quantitativa] (1903), *La mys-*

tique divine distinguée des contrefaçons diaboliques et des analogies humaines [A mística divina distinta das contrafações diabólicas e das analogias humanas] (1895), certos autores chegaram à conclusão de que o "milagre da hóstia" era, na realidade, uma farsa química que Marrocos encontrou nesses volumes e aplicou para criar o "falso milagre". Foi uma conclusão precipitada, pois esses autores nem perceberam que os anos das edições desses livros eram posteriores ao fenômeno da transformação da hóstia em sangue na boca da Beata Maria de Araújo (01/03/1889). Logicamente, José Marrocos não podia ter utilizado esses livros para construir uma farsa. Pelo contrário, na minha opinião, é uma prova de sua inocência: perturbado pela afirmação da hierarquia de que o dito fenômeno seria uma manipulação química, Marrocos foi à procura de livros para compreender como isso poderia acontecer: reação de um homem reto, honesto e inteligente.

Como se diria nos dias de hoje: "A Beata Maria de Araújo e José Marrocos foram considerados embusteiros por convicção de Dom Joaquim, mas sem provas". O método usado naquela ocasião, durante essas três experiências de comunhão, no meu ponto de vista, foi insuficiente e inadequado, assim como as interpretações dos motivos do roubo da urna.

Nem o próprio Padre Alexandrino estava convencido de que a beata fosse embusteira, como se lê nesta carta:

> A Maria de Araújo dá-se muito mal de saúde na Casa de Caridade (do Crato) e quando está no Juazeiro, passa muito melhor; disto tenho plena certeza. Entretanto, se V. Exa. exigir que continue a residir na casa de caridade, eu farei ver isto mesmo a ela. Esta

beata, depois de minha chegada, tem se comportado muito bem relativamente à obediência para comigo e V. Exa. Nas experiências portou-se muito bem. Ainda não pude me convencer de que houvesse embuste em tudo quando se tem passado com ela aqui (02/05/1892).

O que pode parecer um detalhe chamou minha atenção: Dom Joaquim mandava cartas ao Padre Alexandrino orientando o andamento do inquérito, mas exigia que, depois de serem lidas, elas fossem destruídas. Ordem estranha! Por que será? O que é certo é que todas essas cartas do bispo, dando orientações ao padre para realizar o segundo Inquérito, desapareceram dos arquivos da diocese e do Padre Alexandrino.

Alguns pesquisadores chegaram até a pensar que Dom Joaquim orientava o Padre a dar a comunhão à beata com hóstia não consagrada, fora da missa. De fato, se o fenômeno do sangramento acontecesse com essas hóstias, seria então a prova do embuste. Essa hipótese tem seus fundamentos, sobretudo quando se descobre nos arquivos os comentários seguintes: "Ainda não fiz com a Maria de Araújo a experiência marcando as partículas, porque, depois das experiências nas comunhões, saiu para o Juazeiro, donde ainda não voltou" (carta do Padre Alexandrino a Dom Joaquim, escrita em 15/05/1892).

Numa outra carta, ele justifica:

Não fiz experiência das partículas assinaladas porque me pareceu inexequível, atendendo ao seguinte. Que são as beatas da Casa de Caridade que fazem as hóstias e preparam as partículas. Seria preciso avisá-las de não colocar partículas na lata que costuma conter as hóstias, e não haveria assim a reserva e segredo necessários para o bom êxito da experiência. Irei tentar para ver se consigo fazer o que V. Exa. deseja (31/08/1892).

Caro leitor, não sou detetive de profissão, mas reconheço que essa ordem de "marcar partículas" no meio das outras me parece bastante estranha e suspeita. Mas não vamos tirar conclusões sem provas. O importante, aqui, é perceber que Dom Joaquim quis, por vários métodos, comprovar sua convicção de embuste.

Entretanto, o Padre Alexandrino confessa seu cansaço, tentando obedecer às ordens de seu bispo, mas sem conseguir provas do truque:

> Exmo. Sr., é bem difícil a minha posição nesta freguesia atualmente porque devo por um lado cumprir todas as ordens de V. Exa. e pôr em atividade minha fraca cooperação no intuito de desmascarar o negócio do Juazeiro, e por outro lado conservar-me ou, antes, portar-me de um modo tal que não suponham os fanáticos daqui que eu estou hostilizando o Padre Cícero (31/08/1892).

Um mês depois, ele volta a reconhecer:

> Não pude ainda arrancar das beatas uma revelação sequer que tornasse patente o embuste. Tenho usado de diversos meios, mas sempre improficuamente, ora no Juazeiro onde tenho ido com frequência, ora aqui (16/09/1892).

Enquanto não se conseguiam as provas tão esperadas de embuste, os fenômenos extraordinários continuavam acontecendo com a Beata Maria de Araújo, reclusa na casa de caridade, em

Crato, na ausência do Padre Cícero, assim como o afirma o Padre Alexandrino:

> De janeiro para fevereiro do corrente ano, deram-se dois de crucifi-xão em Maria de Araújo. Depois do consternado êxtase apareciam estigmas na cabeça, mãos, pés e lado esquerdo, jorrando de todos os lugares sangue em abundância. O Padre Vicente Sother presen-ciou ambos os fatos. No mês de julho, quando o Padre Joaquim Sother confessava Maria de Araújo, viu uma vez correr-lhe sangue do rosto e uma das mãos e de outra vez, ainda no ato da confissão, viu correr sangue do rosto em grande quantidade. No dia do Cor-pus Christi e em toda oitava apareceu sangue nas comunhões de Maria de Araújo, menos o dia *intra octava* e o dia da oitava. Foram seis, por conseguinte, as comunhões. Eis as informações que pude colher. Os dois casos de crucifixão me foram narrados pela supe-riora que os presenciou bem visivelmente (14/07/1892).

É difícil entender por que Dom Joaquim não mandou fazer a análise do "líquido vermelho" que saía da boca da beata nesses novos acontecimentos, como lhe aconselhou o Padre Antero em 11 de janeiro de 1892:

> Em primeiro lugar para V. Exa. não há questão nenhuma no Jua-zeiro, isto o sangue aparecido nas hóstias ser o próprio sangue de Maria de Araújo; sendo assim, julgo que V. Exa. poderia acabar com esta questão, procedendo-se a um exame especial sobre este ponto. Seria o meio mais fácil e seguro de descobrir se há falsidade e resolver-se a questão, do contrário permanecerá sempre alguma dúvida; suponho que V. Exa., consultando a bons médicos, saberá se poderá chegar a este conhecimento e a despesa que se há de fa-

zer com a viagem e o processo em Roma servirá para essa comissão de médicos, e o processo é mais sumário e decisivo.

De fato, caro leitor, mesmo que a urna contendo os panos ensanguentados tenha sido roubada, os fenômenos continuaram depois desse "roubo". Novos panos ensanguentados apareceram também. Então, por que não proceder a um exame sério sobre esse novo material para descobrir se era sangue da beata? Ou outro sangue humano? Ou sangue de galinha, como afirmaram alguns? Ou mesmo tinta e farsa química? Infelizmente, nada foi feito e, como afirma o Padre Antero, "permanecerá sempre alguma dúvida".

Quantos sofrimentos e preconceitos poderiam ter sido evitados, realizando esses exames e chegando a conclusões claras: se o fenômeno tinha ou não explicações naturais. Pois a verdade liberta e é sempre melhor assumi-la do que criar suposições e convicções sem fundamentos. Durante todo esse tempo do inquérito, Deus sabe o quanto Padre Cícero e a beata sofreram, sem contar a multidão dos nordestinos chamados de fanáticos e ignorantes. O padrinho tinha absoluta certeza de ter presenciado várias vezes um "milagre eucarístico". Mas tenho certeza de que se, por ventura, tivesse sido provado cientificamente que se tratava de um embuste, o padre teria reconhecido seu engano e condenado também os embusteiros. Pois uma de suas grandes virtudes era a profunda obediência a sua consciência. Mas nunca foi provado o embuste. E houve mais de uma ocasião para analisar o fenômeno.

Quando, por exemplo, em 1910, depois da morte de José Marrocos, descobriu-se a caixa no seu oratório privado, por que não foi feita a análise? Segundo Otacílio Anselmo,[7] a caixa passou pela mão do Juiz Dr. Raul de Sousa Carvalho, que a entregou ao Padre Cícero. Este a confiou em segredo à Beata Bichinha. Quando ela ficou doente, Dona Amália Xavier de Oliveira, ao visitá-la, descobriu o famoso tesouro. Com problema de consciência, pois era proibido conservar esses panos em casa, sob pena de excomunhão, Amália pegou a caixa e a entregou ao pároco da Igreja de Nossa Senhora das Dores, em 1948. Não sei se foram roubados ou doados! Mas o que se sabe pela tradição é que o conteúdo da caixa foi queimado no seminário do Crato, obedecendo às ordens de Roma. Assim, mais uma vez, não foi analisado o que podia ter sido "a prova do embuste".

E quando chegaram à mão de Dom Fernando Panico, em 2005, uns pedaços de pano ensanguentado do "milagre", que tinha sido guardado secretamente por umas devotas e que, depois da análise realizada pelo Dr. Claudio Gleidiston da Silva, patologista na faculdade de Medicina de Juazeiro do Norte, a pedido do bispo, veio a revelar que se tratava mesmo de sangue e não de tinta, por que não se fez o exame do DNA, analisando esse sangue e um osso da beata que tinha falecido em 1914? Simplesmente porque o túmulo de Maria de Araújo foi violado, por ordem superior, no dia 22 de outubro de 1930 e seus restos mortais disseminados ou enterrados em lugar secreto. Mas por que fizeram isso? Para que desaparecesse definitivamente qualquer devoção à "beata do milagre". Tentativa evidentemente frustrada.

---

[7] OTACÍLIO, Anselmo. *Padre Cícero, mito e realidade*. São Paulo: Civilização Brasileira, 1968, p. 319 a 332.

Meu caro leitor: veja em que estrada tortuosa e áspera estamos andando em peregrinação, abrindo as páginas do "livro da vida" do Padre Cícero e da "mulher sem túmulo".[8] Precisamos nos sentar um momento para que eu possa confiar-lhe esses fatos que nos revelam uma verdadeira perseguição à memória da Beata Maria de Araújo, perseguição baseada na "convicção", sem provas, de que ela era embusteira. Falaremos dela mais tarde. Não é possível ignorá-la.

Depois dessa "parada necessária", no compromisso de sermos fiéis à história do Padre Cícero, precisamos retornar ao ano de 1892, para continuarmos nossa caminhada.

Enquanto o Padre Clycério, após o fim do primeiro processo e a rejeição do mesmo por Dom Joaquim, entrou em crise e afastou-se para a cidade de União, o relacionamento do Padre Antero com Dom Joaquim continuou amistoso. Discutiam entre eles sobre as divergências de interpretações da teologia de São Tomás de Aquino, sobre a pessoa da beata e os fenômenos da transformação da hóstia em sangue na sua boca. Não esqueçamos que Padre Antero era doutor em Teologia, formado em Roma. O bispo tinha planejado enviá-lo como seu representante pessoal à Cidade Eterna, para tratar da questão de Juazeiro, Mas depois do inquérito, Dom Joaquim mudou de ideia, sem avisar o padre. Este acabou viajando para Roma, na segunda quinzena de junho de 1892, com a licença do vigário-geral, enquanto o diocesano estava de viagem. Quando soube disso, Dom Joaquim ficou irritado, pensando que o padre tinha ido para denunciá-lo, apresentando uma cópia truncada do processo.

---

[8] COSTA E SILVA, Nilze. *A mulher sem túmulo*. Fortaleza: Ed. Armazém da Cultura, 2010.

Graças a Monsenhor Francisco de Assis Pereira, que teve acesso aos arquivos secretos do Vaticano, é comprovado hoje que este processo não foi truncado, nem a sua tradução em italiano.[9]

No dia 9 de setembro de 1892, o Padre Antero entregou também a petição ao Santo Ofício. Ele foi ouvido em interrogatório no dia 13 de setembro, pelo tribunal do Santo Ofício e, graças às informações de Monsenhor Assis, pode-se conhecer o relatório do encontro:

> Fortaleza no Brasil. O sacerdote Francisco Ferreira Antero narra um milagre que aconteceu na paróquia do Ceará: cada vez que a religiosa Maria de Araújo recebe a comunhão eucarística, a Santa Partícula se transforma em carne e sangue na sua boca e deste fato todo povo é testemunha. Os eminentíssimos: escreva-se imediatamente ao R. P. Senhor Bispo, sem indicar o nome do relator, para que informe sobre tudo.

No dia 14, foi acrescentado no relatório: "O Santíssimo (o papa) aprovou a resolução dos eminentes padres e acrescentou que se escreva também ao Internúncio Apostólico".

No dia 17 de julho de 1892, o Cardeal Monaco escreveu a Dom Joaquim e ao Núncio Apostólico no Brasil, comunicando as decisões do Santo Ofício.

O bispo do Ceará foi tomado de surpresa com o pedido de esclarecimentos vindo de Roma. Ele não tinha seguido os conselhos de Dom Arcoverde que, percebendo sua inquietação, tinha-lhe feito a seguinte proposta alguns meses antes:

---

[9] Ibid., p. 31.

Vou sugerir-lhe uma ideia, que neste momento ocorre-me que, posta em execução, vai livrar V. Exa. de muitos embaraços. Despreze o processo que foi feito pelos seus comissários e oficialmente faça V. Exa. uma relação do fato e suas fases, e mande-a à Congregação do Santo Ofício pedindo conselho. Nessa relação V. Exa. deve dizer que não recorreu há mais tempo à Santa Sé, entendeu que bastavam as providências que em tempo tomou, mas que, avolumando-se a causa e tomando proporções exorbitantes, entendeu ser chegado o tempo de comunicar à Santa Sé o ocorrido e pedir-lhe auxílio e conselho. (...) Enfim, seja exato e minucioso sem estender-se demasiadamente, que eu estou certo que V. Exa. ficará muito bem cotado perante a Santa Sé (23/02/1892).

Dom Joaquim enviou logo um telegrama, prometendo mandar todos os esclarecimentos esperados.

Em seguida, numa carta, fez uma série de denúncias: Padre Antero faltou com a verdade e é fraudulento; os habitantes de Juazeiro são ignorantes; Padre Cícero é cabeludo e escrupuloso; Monsenhor Monteiro é inclinado a crer no maravilhoso; Maria de Araújo é epilética; os padres da comissão se deixaram mistificar pelas beatas e são idólatras. O bispo justificou sua inércia diante dos fatos de Juazeiro, dizendo que ignorava o que se passou; quando, enfim, tomou conhecimento, proibiu expressamente toda manifestação em qualquer sentido, e repreendeu os dois padres Cícero e Monteiro. Finalmente, rejeitou todo o processo realizado pelos Padres Clycério e Antero.[10]

Logo depois dessa carta, Dom Joaquim tomou decisões drásticas. Por exemplo, em 5 de agosto de 1892, baixou o decreto

---

[10] PEREIRA, Francisco de Assis, op. cit., p. 34.

suspendendo o Padre Cícero de suas ordens. Em 25 de março de 1893, escreveu para os diocesanos uma carta pastoral, lembrando a doutrina católica sobre a presença eucarística, do Concílio de Trento, e afirmou desacreditar nos fatos de Juazeiro, exortando os fiéis a ignorá-los. Ele colocou o povoado de Juazeiro sob interdição: nenhum ato religioso poderia realizar-se na capela. Era como se toda a população de Juazeiro e os romeiros tivessem sido colocados fora da Igreja. Para você ter uma ideia, a Capela da Mãe das Dores ficou sem capelão durante 25 anos (1892-1917), e quem quisesse confessar-se tinha que ir até a cidade do Crato, e só recebia a absolvição se jurasse não acreditar nos "milagres de Juazeiro".

Dom Joaquim mandou os dois inquéritos ao Sagrado Tribunal do Santo Ofício, em maio de 1893, como se o segundo fosse a continuação do primeiro, acrescentando sua carta pastoral e mais alguns documentos condenando os "fatos de Juazeiro", entre outras, três cartas confidenciais de leigos.

É o momento de parar mais uma vez em nossa peregrinação, prezado leitor. Vamos avaliar o que lemos nessas páginas. Acontecimentos misteriosos e perturbadores não foram provocados pelo Padre Cícero, mas mudaram completamente sua ação pastoral no pequeno lugarejo de Juazeiro. Houve uma quebra drástica entre seus primeiros dezessete anos de sacerdócio e os anos seguintes, problemáticos, cheios de sofrimentos, a partir da transformação da hóstia em sangue na boca de uma mulher. Que sinal é esse? Sinal de Deus ou do diabo? Para o Padre Cícero, foi de Deus. Para Dom Joaquim, foi do diabo. Eu tinha prevenido você. Nossa peregrinação ia passar por momentos penosos, subidas cansativas, cheias de curvas, de pedras, de avalanches. E para confiar-lhe a verdade, apenas lhe apresentei uma pequena parte dos acontecimentos dramáticos, vividos durante esses anos. Mas penso que eles são suficientes para você sentir o drama desse período da vida do Padre Cícero, de Maria de Araújo, do bispo do Ceará, dos romeiros e do Juazeiro.

Preciso acrescentar que, durante todos esses anos, o número de peregrinos à procura do Padre Cícero e de seus conselhos não parava de aumentar. As perseguições que ele sofria tocavam o coração do nordestino, como se o padre fosse membro de sua própria família. Laços de amor e carinho aprofundaram-se entre o povo sofrido do Nordeste e o "padrinho", sempre acolhedor e bondoso. Ele guardava um silêncio obsequioso sobre os "milagres" e proibia que se falasse mal de bispos ou padres, pois eram "a menina dos olhos de Deus", segundo o que nos afirmaram várias testemunhas ainda vivas, quando chegamos a Juazeiro em 1974. A Beata Maria de Araújo vivia escondida do povo, com grande humildade. Você pode imaginar o sofrimento do Padre Cícero quando o bispo o suspendeu de suas funções sacerdotais? Fecho os olhos e imagino a Capela da Mãe das Dores trancada, com a proibição de qualquer ato religioso, e os romeiros fazendo suas voltas, rezando ao redor do lugar do "milagre", sem poder entrar. Diante da casa do padre aglomeravam-se multidões. É da janela que ele rezava o terço e orientava cada um a nunca deixar a Igreja Católica Apostólica Romana, a ter paciência e guardar a fé. Isso, para mim, é mais uma prova da santidade do Padre Cícero, pois, com seu carisma e sua autoridade moral, ele poderia ter atraído, fora do Catolicismo, milhões de Nordestinos, e criar sua própria Igreja. Mas ele não o fez! Já pensou nisso?

O veredicto de Roma e suas consequências

Chegamos à outra página dolorosa no "livro da vida" do Padre Cícero e dos romeiros. Finalmente, no dia 31 de julho de 1894, foi tornado público o veredicto do Santo Ofício. A Santa Sé reprovava todos os fatos de Juazeiro como "gravíssima e detestável irreverência e ímpio abuso à Santíssima Eucaristia".

Eis, aqui, a sentença:

> Na Congregação de quarta-feira, 4 de abril de 1894, tendo discutido os fatos que aconteceram em Juazeiro, da Diocese de Fortaleza, os Eminentíssimos e Reverendíssimos Padres Cardeais da Santa Igreja Romana, Inquisidores Gerais, pronunciaram, responderam e determinaram, como segue:
>
> "Os pretensos milagres e outros fatos sobrenaturais que se dizem de Maria de Araújo são falsos e manifestamente supersticiosos, e contêm gravíssima e detestável irreverência e ímpio abuso da Santíssima Eucaristia; e por isto são reprovados pelo juízo Apostólico e devem ser por todos reprovados e condenados e havidos como tais.
>
> Para que se imponha um fim a estes excessos e ao mesmo tempo se previnam mais graves males que daí se possam seguir:
>
> 1º A dita Maria de Araújo, depois de lhe ser imposta uma grave e demorada penitência, seja quanto antes recolhida a uma casa pia

ou religiosa, onde permaneça, ao beneplácito do ordinário, sob a direção de piedoso e prudente confessor, devidamente informado dos antecedentes daquela mulher.

2º Além disto, na medida de todo o possível, seja interdito pelos Ordinários de Fortaleza e de todo o Brasil o concurso de peregrinos ou acesso de curiosos em visita a ela e às outras mulheres culpadas na mesma causa.

3º Quaisquer escritos, livros ou opúsculos editados ou que, por acaso, venham a sê-lo, o que não aconteça, em defesa daquelas pessoas e daqueles fatos, sejam tidos por condenados e proibidos, e, na medida do possível, sejam recolhidos e queimados.

4º Todos e cada um dos sacerdotes, bem conhecidos do Revmo. Sr. Bispo, que trataram até sacrilegamente a Santíssima Eucaristia, como também seus cúmplices, sejam obrigados aos Exercícios Espirituais, pelo tempo que ao mesmo bispo parecer conveniente, e segundo a gravidade do crime, sejam por ele severamente punidos, proibindo-lhes qualquer relacionamento, mesmo por carta, com a citada mulher, interditando-lhes ainda, até onde e quando lhe parecer conveniente, qualquer direção de almas.

5º Tanto a estes sacerdotes como a outros, sacerdotes ou leigos, proíba-se que, por qualquer ou por outro escrito, tratem dos pretensos supracitados milagres.

6º Os outros panos manchados de sangue e as hóstias de que se tratou, e todas as outras coisas guardadas como se fossem relíquias, sejam pelo mesmo Ordinário recolhidos e queimados.

Ass. R. Cardeal Monaco

Em julho de 1894, Dom Joaquim escreveu sua segunda carta pastoral, que acompanhou a divulgação do decreto tomando medidas radicais para erradicar o "quisto". Estipulou sanções e terminou com as palavras: *Roma locuta est, causa finita est* [*Roma falou, a causa está encerrada*].

Padre Cícero e outros confrades dissidentes foram chamados ao Palácio Episcopal de Fortaleza para prestar obediência ao decreto de Roma. Enquanto isso, seguindo as ordens do bispo, Padre Alexandrino foi a Juazeiro, leu a carta pastoral e exigiu a remoção de Maria de Araújo para a casa de caridade de Barbalha, onde devia ser reclusa por um bom tempo.

Caro leitor, você pode imaginar a reação popular. Os gritos de "É mentira! É mentira" acompanhavam a leitura da carta. Felizmente, não houve derramamento de sangue. A volta do Padre Cícero acalmou os ânimos.

Duas cartas, escritas naquela época, revelam-nos o estado de espírito tanto do bispo como do Padre Cícero. A comparação desses dois documentos é muito reveladora. Veja.

Ao Padre Quintino, Dom Joaquim desabafa seu sofrimento, sua mágoa, sua decepção, seu profundo cansaço. O que mais o aflige é a divisão do clero:

> Os Padres Cícero, Monteiro, Clycério, Antero e outros jogaram todas as armas: tudo quanto se pode imaginar de indigno e sujo foi atirado à face do bispo do Ceará, que nunca quis consentir que o sangue de Maria de Araújo fosse o sangue de Nosso Senhor! A deslealdade, o abuso de confiança, a perfídia, a hipocrisia, a calúnia com todo seu cortejo de infâmias... tudo, tudo foi empregado para deprimir a reputação do diocesano!!! (...) Padre Quintino, eu nunca me gloriei de grandes virtudes nem de grande saber; mas tenho uma virtude; pois fiz hercúleos esforços para evitar umas e ocultar outras faltas de meus irmãos, virtude que ninguém me

pode contestar: amo a minha classe, e é por isso que tanto sofro com esta história no sacerdócio. A única coisa de que às vezes me acusam no andamento do processo de Juazeiro era a tolerância e benignidade com que tratava os padres rebeldes; mas o meu coração me desculpava, por que são meus irmãos. Estou velho e doente, é provável que não passe mais por idênticos desgostos, que não poderia mais resistir; mas a lição aproveitará a meu sucessor, que será mais respeitado do que eu e não será por ventura arrastado pelas ruas da amargura: o clero moço há de compreender melhor os seus deveres. (...) Padres da roça, moços, seculares, mulheres quiseram ensinar Teologia ao diocesano!!! (...) Quero a paz e a concórdia: desejo o bem da nossa santa religião; desejo que se a interprete como ela é, sem esses miseráveis filhos da paixão. Perdoo de todo coração às tantas ofensas que (eu sou vítima) se me fizeram; desejo ver os padres desviados voltar para o grêmio da Igreja; abraçá-los-ei com sinceridade: Oh! Queira Deus que tudo se acabe pela caridade (14/08/1894).

Ao Padre Antero, Cícero expressa suas angústias depois da sentença de Roma. As razões de seu sofrimento são bastante diferentes daquelas de Dom Joaquim. Veja:

(...) Que horror! Em nome da Santa Igreja de Nosso Senhor Jesus Cristo, ser excomungado porque não quis cometer tão grandes crimes! Meu amigo, nunca pensei sermos testemunhas de semelhantes excessos. E o que mais dói e aflige é ver o esforço e o nenhum caso da condenação de milheiros e milheiros de almas, se lançando do seio da Igreja para fora. Populações inteiras negando-se todos os sacramentos até na hora da morte. Porque o povo que na mais íntima convicção crê que os fatos aqui sucedidos são verdadeiros e que lhes veio dar a despertar a fé em Nosso Senhor Jesus Cristo, na Eucaristia, se convertendo uns e se apavorando outros, como todos sabem. E muitos que foram testemunhas de vista ou firmados em pessoas de confiança não querem, estão tão entranhados que como dizem eles podem descrer, e convencidos e certos em sua consciência que não é uma mentira nem embuste, sujeitam-se às excomunhões e aos excessos com que são tratados e coitadinhos, lançados dos sacramentos para fora. Onde irá parar tudo isso? É um horror! Por que não querem que aqui não seja a reprodução do que já se deu em outras partes? Expor à condenação eterna milheiros e milheiros de almas! Como se não fosse nada. Se Dom Joaquim e os outros que informados por ele o acompanham tivessem morrido em uma cruz para salvá-las não fariam assim. Se o Santo Padre, que é o Sagrado Coração de Jesus na terra, misericórdia e caridade, soubesse de tanto horror e semelhantes excessos daria uma medida pronta para remediar tão grande abismo.

Meu amigo, morro de aflição, morro de aflição e de angústia! Gastei toda a minha vida desde que me ordenei, somente procurando a salvação dos outros, sem me importar mesmo com a minha e ver uma coisa desta. Meu amigo, não sei dizer o que sofro, desejava de todo meu coração que Nosso Senhor me condenasse, contanto que se remediasse a salvação de tantas almas. Nunca pensei ver isso entre nós!

Senti muito, Deus sabe quanto eu sofro de ver Maria de Araújo, na Pastoral, diante da Sagrada Congregação de Santo Ofício, para todos que não a conhecem, não só ela como as outras que foram testemunhas no processo consideradas por embusteiras e como tais sacrílegas e infames e combinadas para semelhantes abominações e com aprovação dos padres. E que padres, meu amigo? Vossa Reverendíssima, o Padre Clycério, membros da comissão, Monsenhor Monteiro, o vigário Manoel Rodrigues e outros. Os padres mais distintos da diocese e eu, que ainda que sou o mais indigno. Damos a Deus por testemunha, que nenhum de nós, que graça a ele mesmo, é capaz de tais horrores e imundices e nem nunca fomos hereges e cismáticos como na consideração. É incrível, meu amigo, que a paixão ou não sei o quê, conseguir provar que é o que ele pensou, que os fatos do Juazeiro são embustes e falsidades e, para isto, não têm escolhido meios, nem poupado nada, procurando fazer passar por infames, e por tanto capaz de todo embuste, pessoas que todos nós sabemos que são verdadeiras servas de Deus e da mais elevada virtude (04/10/1894).

Vamos parar alguns minutos e analisar essas duas cartas e compreender melhor as personalidades de Dom Joaquim e do Padre Cícero. É lógico que cada um reagiu diferentemente ao decreto de Roma, mergulhado no seu próprio mundo.

De um lado, o bispo, no seu mundo clerical, sofre por ver sua reputação manchada como pessoa e autoridade diocesana, e expressa também sua dor vendo a desobediência e o comportamento de parte do seu clero que ele ama como a irmãos ("Amo a minha classe"). Mas ele não sente, ou, pelo menos, não relata nenhuma dor ou preocupação em relação ao povo que, na realidade, é vítima desse drama interno na Igreja.

Do outro lado, o Padre Cícero, vivendo no mundo leigo, no meio do povo, sente compaixão, vendo o abandono de uma multidão de pobres, rejeitados pela Mãe Igreja. Ele sofre também da humilhação das beatas tratadas por embusteiras, com aprovação de alguns padres, entre outros, ele mesmo, considerados aliciadores do fenômeno. Em relação ao bispo, Padre Cícero não imagina que este poderia, ele também, sofrer da situação dramática, vivida pelo povo ("Se Dom Joaquim e os outros, que informados por ele, o acompanham tivessem morrido em uma cruz para salvá-las, não fariam assim").

Eram dois mundos separados por um muro bem alto. Que tristeza! Que pena! Como escreve Ralph Della Cava:[1] "Roma e Fortaleza pareciam mais interessados em acabar com Juazeiro do que, propriamente, em recuperá-lo dentro da ortodoxia. Era preciso silenciar Juazeiro para sempre".

Enquanto isso, Padre Cícero, mesmo guardando o silêncio sobre os fatos condenados, murmurava aos mais íntimos: "A decisão da Santa Sé não é infalível: ela não poderá aprovar um erro, mas pode condenar uma verdade por não estar bem provada".

Vamos retomar nosso caminho e, quem sabe, descobriremos pequenas luzes anunciando a queda daquele muro e a alegria de certa reaproximação, reconciliação e "compaixão", que faz cada um de nós sentir o sofrimento alheio e quebrar as barreiras. A terceira parte deste livro nos apresentará, enfim, essa luz tão desejada. O muro vai desabar, pelo menos parcialmente.

Depois da sentença de Roma, o movimento das romarias não parou de aumentar, o que desagradou, evidentemente, Dom Joaquim. Padre Alexandrino o colocava sempre a par dos acontecimentos.

Padre Cícero reafirmou sua obediência escrevendo a Dom Joaquim:

---

[1] DELLA CAVA, Ralph. *Milagre em Joaseiro*. Rio de Janeiro: Paz e Terra, 1976, p. 76-77.

(...) Já declarei e torno a declarar, que, como a Suprema Congregação da Santa Inquisição os condenou e reprovou, eu, como filho obediente da Santa Igreja, obedeço humildemente, submetendo-me em tudo a decisão e decretos da mesma Suprema Congregação, sem restrição, nem reserva, pois eu condeno tudo que a Santa Igreja condena e sigo tudo que ela manda, como a Deus mesmo. (...) Graças à bondade e misericórdia de Nosso Senhor Jesus Cristo, minha fé na doutrina ensinada pela Santa Igreja é viva, inteira e pura, pela qual, ajudado da graça divina, daria, se preciso for, a própria vida (...) (12/01/1895).

Vendo que o movimento popular continuava em Juazeiro, Dom Joaquim pensa em uma solução e escreve ao Núncio:

(...) Revela notar-se que Maria de Araújo e outras mulheres, que figuram no processo do Juazeiro, estão inteiramente desacreditadas e há muito tempo que não fazem mais milagres: atualmente os fanáticos só prestam veneração ao Padre Cícero, que é tido como Padre Santo.
Finalmente esta triste história continuará com maior ou menor ruído, enquanto o Padre Cícero permanecer em Juazeiro. (...) Se o padre obedecer ao chamado e for a Roma, o Santo Ofício verá que se trata de um homem desequilibrado. Se não obedecer, ficará reconhecida a sua rebeldia e contumácia no erro (...) (20/08/1895).

Temos que convir, caro leitor, que essa proposta é uma dupla armadilha. Para tirar o Padre Cícero de Juazeiro, o bispo pede que Roma o chame. Mas, indo ou não, o sacerdote já é condenado ou como "desequilibrado" ou "desobediente". O padre, amado e venerado pelo povo, torna-se um novo problema a resolver de qualquer jeito. E os romeiros não abrem mão de visitar o Santo Juazeiro, a Mãe das Dores e "meu padrinho". Ele mesmo, silenciando os "milagres condenados", não lhes nega acolhida, conselho, carinho. Não era por isso que ele viera morar no Juazeiro, respondendo ao chamado do Coração de Jesus, que, em sonho, tinha-lhe dado a ordem: "Você, Cícero, tome conta deles"?

Padre Cícero em exílio e sua viagem para Roma

Os anos passaram e a Sagrada Congregação do Santo Ofício acabou atendendo ao pedido de Dom Joaquim. No dia 21 de junho de 1897, o Padre Cícero recebe a portaria de excomunhão válida se, no prazo de 10 dias, não se retirasse de Juazeiro. No dia 29, ele se exila em Salgueiro, Pernambuco, dentro do prazo exigido, e comunica ao seu bispo sua decisão de apelar para a Santa Sé.

Logo, por medida de prudência, o Padre Cícero escreve ao bispo de Olinda, comunicando sua presença na sua diocese:[1]

(...) Eu vim para Salgueiro somente para obedecer às decisões do Santo Ofício que me impeliam a deixar o Juazeiro sem o determinado lugar e, além disso, só provisoriamente, enquanto tratava da minha ida a Roma em conformidade das mesmas decisões, e aqui, como no Ceará, não tenho feito o exercício das minhas ordens, me conservando suspenso segundo todas as prescrições do meu bispo (...).

---

[1] Padre Cícero a Dom Manoel dos Santos Pereira, 28 de outubro de 1897. Ver: SILVA, Antenor de Andrade. *Cartas do Padre Cícero*. Salvador: Escolas profissionais Salesianas, 1982, p. 166-167.

Caro leitor, prometi apresentar-lhe minha visão do Padre Cícero a partir de tudo que já li e estudei sobre sua vida. Senti profunda tristeza quando descobri que Dom Joaquim continuava perseguindo o "padrinho", exilado em Salgueiro, enviando notícias infundadas ao Santo Ofício, a partir de boatos lançados na imprensa pernambucana. Os jornais, que sempre gostam de sensacionalismo, afirmavam que Padre Cícero teria chegado a Salgueiro para envolver-se com a causa de António Conselheiro, o líder messiânico de Canudos, na Bahia. Dizia-se que ele, o Padre Cícero, dirigira-se para lá na companhia de capangas. Logo, as autoridades de Pernambuco descobriram que se tratava de boatos e mentiras. Até o bispo de Olinda ficou perplexo e pediu ao vigário de Salgueiro esclarecimentos. Este logo mandou ao seu bispo o telegrama seguinte:

> (...) Padre Cícero retirando-se de Juazeiro em obediência ao decreto da Congregação, veio a esta vila onde está. Tendo inteiro conhecimento sua dedicação, paz, ordem, tranquilidade todos, julgo incapaz qualquer tentativa de agitação pública. Posso afirmar V. Exa. que tem sido ele todos os tempos e em todos os lugares elemento de ordem. Autoridades aqui telegrafaram ao Governador o mesmo sentido.
>
> Padre João Augusto,
> Vigário[2]

---

[2] Telegrama do Padre João Augusto, ao bispo de Olinda, 15 de agosto de 1897. Ver: BARROS, Luitgarde Oliveira Cavalcanti. *Juazeiro do Padre Cícero. A terra da Mãe de Deus*. 2. ed. revista e ampliada. Fortaleza: IMEPH, 2008, p. 243.

Infelizmente, Dom Joaquim não teve a prudência do bispo de Olinda de averiguar a veracidade dos fatos. Graças a pesquisas feitas por Monsenhor Assis, nos arquivos do Vaticano, chegou ao nosso conhecimento uma missiva enviada pelo bispo do Ceará ao Cardeal Parocchi.[3] Após essa leitura, nem coragem terei para expressar o que sinto. Deixo você, caro leitor, tirar suas conclusões:

> (...) [Padre Cícero] foi para Salgueiro, localidade da Diocese de Olinda, onde continuou a defender a sua miserável obstinação e a propagar os pretensos milagres condenados pelo Santo Ofício. Neste lugar, começou uma grande aglomeração de fanáticos, de tal modo perturbadores, que o Governador civil foi obrigado a enviar tropas que, com eles, pelejaram, seguindo-se várias perdas. (...) Eminentíssimo Senhor, o sacerdote Cícero, agindo como alucinado e perturbador da ordem pública, tanto religiosa como civil, mostra-se perigoso nesta e nas dioceses vizinhas, cuja população que vive no interior, totalmente ignorante, é muito suscetível a superstições. Queira Deus que este sacerdote tome o conselho de permanecer na Europa ou pelo menos de se mudar para o sul do Brasil (...).

Em 20 de outubro de 1897, Padre Cícero escreve a sua mãe de Salgueiro, anunciando que vai viajar até Roma para prestar sua obediência ao Tribunal da Santa Inquisição.

> (...) Pretendo na semana seguinte ir até lá (Juazeiro), querendo Deus, e estou achando tão desconforme esta peregrinação que me

---

[3] Dom Joaquim ao Cardeal Parocchi, 14 de fevereiro de 1898. Arquivos secretos do Vaticano 141, Parte V.

obriga a andar como vagabundo, sem eu, graças a Deus, ter cometido crime, sem casa, sem-terra, à toa, só pela maldade e despotismo de homens sem consciência que não sei até onde irá tamanha opressão.

Já desejo apressar a minha viagem por Roma para ver em que fica isto, ainda que estou tão descrente das cousas do mundo e dos homens que, se Deus Nosso Senhor não fizer um milagre, não espero que deixem de satisfazer ao Sr. Bispo e me prestem atenção. Se Deus quiser, irei ao Juiz de Direito daqui, a quem, com muita gratidão, mandou pedir ao Governador, com que tem muita amizade, uma passagem para Roma... é possível que alcance e, querendo Deus, irei. Entrego nas mãos de Nossa Senhora das Dores, que ela me governe e me dirija, esta viagem e todo o negócio. Orem muito a ela por mim e ele mesmo a abençoe, abençoe Angélica, Teresa, Gina, Jerônimo, Joana, Isabel, Anna e todos, e que todos orem por mim, e minha mãe me abençoe.

Padre Cícero embarcou de Recife para Gênova, com seu amigo João David, no dia 10 de fevereiro, donde saíram de trem para Roma, chegando a esta cidade no dia 25 de fevereiro de 1898, em pleno inverno europeu. Hospedaram-se num pequeno hotel, o Albergo Dell'Orso, à Via Monte di Brianzo, 94, que ainda hoje existe. Mas imagine como foi, para um nordestino, o choque de adaptação ao clima gelado do inverno europeu, acostumado que estava ao calor de mais de 35 graus! No primeiro mês, cansado da viagem, Padre Cícero ficou doente, como ele mesmo declarou aos cardeais, que estranharam seu não comparecimento imediato ao Tribunal. Estes já tinham sido informados, em 9 de março, da chegada do "problemático Cícero de Juazeiro" a Roma. Somente no dia 27 de abril, o Padre Cícero compareceu ao Tribunal do Santo Ofício, acompanhado do Padre José Machado, intérprete escolhido pelo próprio Tribunal.

Padre Cícero apresentou-se por cinco vezes aos membros do Santo Ofício e confirmou sua submissão aos decretos condenatórios. Prometeu guardar o silêncio obsequioso sobre os fatos e ordenar o mesmo silêncio a todos seus seguidores. Mas pediu também socorro em favor de sua mãe e de milhares de romeiros e moradores de Juazeiro, abandonados, sem assistência sacramental e pastoral. Foram longos interrogatórios, formando um impotente documento de 55 páginas.

O tempo estava passando e as despesas do hotel, aumentando. Compreensíveis, os cardeais decidiram, em 22 de junho de 1898, oferecer hospedagem gratuita ao Padre Cícero no Colégio São Carlos, perto da igreja do mesmo nome. Na realidade, foi o Cardeal Parocchi que conseguiu essa hospedagem. Sempre acolheu o Padre Cícero com muita caridade e distinção.

Enfim, no dia 1º de setembro do mesmo ano, o Santo Ofício enviou a Dom Joaquim uma longa sentença, que vou apresentar citando seus pontos essenciais:

1º) ... seja absolvido o Revmo. Sr. Cícero das censuras em que de qualquer modo tenha incorrido, e seja despedido com grave advertência e com proibição de falar ou escrever sob as coisas do Juazeiro e outras semelhantes.

2º) que o Revmo. Sr. Cícero não seja mais admitido à pregação da Palavra de Deus, a ouvir confissões e à direção das almas, sem especial licença do Santo Ofício, e se for possível, vá para outra diocese.

3º) que seja exortado o Exmo. e Revmo. Sr. Bispo de Fortaleza a enviar, o mais cedo possível, missionários ao Juazeiro (...). O mesmo bispo diligencie prepor à cura das almas do Juazeiro, durante ou logo depois da missão, algum sacerdote prudente com residência no mesmo lugar.

Mas, para sua direção, seja avisado o bispo de Fortaleza que, para os retratados erros e detestação das sacrílegas fraudes do Juazeiro, é suficiente uma mera, simples e absoluta sujeição aos decretos do Santo Ofício, e que não é necessária uma declaração formal e explícita da malícia e culpa própria e alheia, pois isto se contém suficientemente na pura e simples aceitação do decreto.

Ao Padre Cícero, foi feita a leitura do decreto, excluindo os itens que interessavam ao bispo diocesano. A ata de execução do decreto termina com essas palavras:

> Explicadas bem estas coisas, respondeu [o Padre Cícero]: "Aceito plenamente e em cada uma de suas partes o decreto dos Eminentíssimos Senhores Cardeais, e prometo observar tudo o que me foi imposto". Feito isto, foi absolvido na forma costumeira da Igreja, tendo-lhe sido imposto a penitência de rezar trinta vezes o rosário da Bem-Aventurada Virgem Maria.

Não posso deixar de sorrir, lendo qual foi a penitência imposta ao Padre Cícero, ele que passou sua vida ensinando os romeiros a rezar diariamente o rosário da Mãe de Deus. Oh! Penitência agradável para esse sacerdote, tão devoto à sua querida Mãe das Dores.

Logo, no dia seguinte, o filho escreve a boa notícia a Dona Quinô, sua mãe. A carta é tão bonita e revela bem a personalidade do Padre Cícero e seus propósitos para o futuro, que não resisto a oferecer a leitura da mesma em sua totalidade. Diversas características revelam-se nesta carta: alegria, alívio, mas também realismo e receio das futuras perseguições, reconhecimento pelos gestos de amizade, amor à mãe e a cada um da grande família, confiança em Deus, paciência, misericórdia, mas também preocupação concreta com os problemas da seca, organização do horto para a realização de seu projeto de viver mais afastado, enfim, tanta simplicidade na expressão de seus sentimentos... A leitura dessa carta vale o livro.

Mãe, Deus abençoa-nos e conforte
Roma, 18 de setembro de 1898
Domingo, dia das sete Dores da S.V.

Agora já posso melhor dar notícias minhas. Graças a Deus, as orações de tanta gente pedindo em espírito de fé e de verdade alcançaram do céu o fim do meu exílio, deram-me a faculdade de celebrar e de voltar para casa.
Muito pode a calúnia, feita e movida com audácia. Perdoou a todos pelo amor de Deus, e a Deus peço que a todos perdoe. Ainda que muito, temo que quando aí chegar nova tempestade não façam de novo cair sobre mim.
No dia 3 de outubro, querendo Deus, saio de Roma para Nápoles. Devo aí tomar o vapor de 12 em Gênova para Pernambuco.
Como os pais se alegram e agradecem os benefícios aos filhos, quero dizer-lhe uma ação generosa que o Dr. Lima Borges e Pe. Pedro do Belo Jardim fizeram-me. Quando eu não tinha mais recursos e devendo muito que não sabia como fizesse, e eles de modo próprio considerando que o que eu havia trazido não era suficiente para

tanto tempo, fizeram uma subscrição entre os amigos e, quando eu não esperava, escrevera-me mandando-me uma ordem para eu receber no banco daqui 939 liras (assim se chama o dinheiro daqui, uma lira corresponde a um cruzado, quando a nossa moeda tem o mesmo valor; mas agora que a moeda do Brasil tem pouco crédito, para ter uma lira aqui precisa comprar-se 6 mil e tantos reis). Portanto, deram-me mais de um conto de reis, que deu para pagar o que já devia e alguma coisa para a viagem. Não sei dizer quanto fiquei agradecido a Deus e a eles.

Eu preciso passar pelo Ceará para me entender com o Sr. D. Joaquim, mas não pretendo me demorar, o meu desejo é voltar e chegar em casa na hora que menos me esperem. E como desejo viver uma vida retirada, depois de tanta luta e tanta angústia, intenciono ir fazer a minha morada quase toda no Horto e lá mesmo celebrando quase a maior parte dos dias. Desejava muito fazer o maior bem que eu pudesse para Deus e para a salvação de todos, mas como isto tem provocado tanta perseguição contra mim, sem haver outra causa; porque Deus sabe e todos são testemunhas que, pela bondade de Nosso Senhor e da Santíssima Virgem, nunca pratiquei crime algum, nem causa que merecesse reprovação, assentei, querendo Deus, viver desconhecido e reservado até quando Nosso Senhor fizer-me a caridade de chamar-me. Se eu não queria nada do mundo, agora ainda estou querendo menos.

Segundo as notícias que tenho tido aqui, sobre a seca, são aterradoras, eu já escrevi a minha mãe sobre as mandiocas que tenho em São Pedro e na Araripe, pedindo que encarreguem o mestre José ou outro a desmanchar, que servira muito para não se perder... eu as guardei foi para esse tempo mesmo que eu sempre esperava. Diga a mestre José que não deixe que carregarem o cal que estava no Horto, que pode acontecer que, quando eu chegar, se precisa dele. Mande chamá-lo (mestre José) (...) particularmente.

Ele prepare aquela salinha menor da casa do Horto, faça um altar como o da Igreja, forre para cima com um assoalho de tábua (não deve estragar as grandes da igreja), que fique uma capelinha suficiente para celebrar o Santo Sacrifício da missa. Se José Lobo e a Irmandade de Coração de Jesus combinar, coloca-se lá a imagem do Santo Coração de Jesus e, senão, o oratório de nossa casa que obtive a faculdade de celebrar lá. Não quero que sejam isto uma cousa pública, fique somente em casa. Como também se puderem, limpem a Igreja, também sem fazerem novidade.

As coisas de Deus vão devagar e se peça com perseverança tudo e ele cumprirá sua palavra. Eu tenho desgosto de não poder levar para todos um sinalzinho que não me esqueci de um só aqui, mas fiquei aqui de tal modo, que dou graças a Deus poder voltar conservando sempre a minha dignidade e posição, sem passar por privações que me envergonhem. Faça-me recomendado a todos, que a S.S. Virgem os abençoe por mim e minha mãe abençoe-me.

Seu filho, que tanto a estima e venera

Padre Cícero R. Batista

Padre Cícero recebeu a licença de celebrar a missa em Roma e, dependendo da ratificação de seu bispo, também no Ceará. A sua reabilitação não lhe foi totalmente concedida, mas ele estava feliz: ele podia voltar a celebrar a missa e morar no seu querido Juazeiro, com o povo que Jesus, em sonho, confiou-lhe.

A volta do Padre Cícero de Roma e as reações de Dom Joaquim

Quando Padre Cícero apresentou-se a Dom Joaquim, este afirmou que não tinha recebido qualquer documento oficial do Tribunal da Santa Inquisição, dando licença ao Padre Cícero para voltar a morar no Juazeiro. Só lhe deu a licença de demorar apenas dois meses naquele povoado. Então, o padre escreveu logo ao Cardeal Parocchi esta súplica:

> Eminentíssimo Sr. Cardeal Parocchi,
>
> Eis-me aos pés de V. Exa. Revma. não para pedir nada de novo, mas pedindo que se mantenha o que foi me concedido (...) apresentei-me ao meu bispo, e lhe fiz meu ato de submissão escrito ao modo de sua vontade; ele disse que não recebeu de V. Exa. Revma. comunicação alguma facultando-me de continuar na minha residência no Juazeiro, e assim restringiu a dois meses somente a minha estadia aqui, obrigou-me a não poder celebrar senão três léguas distantes, cortando tudo o que por V. Exa. Revma. e o Santo Ofício me foi concedido, até o próprio rescrito de oratório privado expedido em forma de Breve, pela extrema necessidade dos enfermos da minha casa.[1]

---

[1] Monsenhor Assis encontrou, de fato, nos arquivos do Santo Ofício, o requerimento do Padre Cícero ao papa para celebrar a missa num oratório privado no

E como este ato do meu diocesano importa de fato a derrogação do que foi decretado por V. Exa. Revma. e por seu Santo Tribunal como consta do próprio decreto de 7 de setembro último, do qual me deu cópia; rogo a V. Exa. Revma. que, pela veneração e pela obediência que se deve a V. Exa. e ao Santo Ofício, seja mantido o que me foi concedido – facultando-me residir e celebrar no Juazeiro: como disto mesmo o Exmo. Sr. Comissário do Santo Ofício assegurou-me que faria a devida comunicação, quando no mesmo Santo Tribunal e por sua ordem absolveu-me.

E não só por isso, como também porque minha mãe, há 17 anos prostrada em leito de morte, com numerosa família de órfãos desvalidos, minha irmã doente do coração, uma grande multidão de pobres, que atravessam agora o flagelo da fome que está fazendo muitas vítimas e não têm outrem que lhes salve a vida, peço que seja mantido o que me foi dado por V. Exa. e pelo seu Santo Tribunal.

E como não se compadece com a justiça de V. Exa. e de seu Santo Tribunal consentir que, por minha retirada, seja sacrificada a minha mãe à morte, se perca a vida de tantos infelizes e haja causa para muitos outros males, confio na própria justiça de V. Exa., que quer a paz e bem de todos, manter a minha residência no meio deles; como aí me foi concedido, e aqui requerido ao dio-

---

Horto, onde pudesse celebrar a missa para sua mãe enferma, e o despacho favorável da Sagrada Congregação do Concílio, de 17 setembro de 1898. Esse restrito nunca foi aplicado porque nele constava a cláusula que competia ao bispo de Fortaleza conceder o privilégio "por seu arbítrio e consciência". Dom Joaquim jamais concordou com essa concessão, conclui Monsenhor Assis (ver: PEREIRA, Francisco de Assis. *Padre Cícero no Santo Ofício*. Natal, 2004, p. 93 (pesquisa não publicada, que se encontra no CPR).

cesano pelo povo e pelo próprio pároco, como V. Exa. se dignará ver nos documentos sob n. 1, 2, 3.

Assim recorre à justiça de V. Exa.,
o humilde, devotíssimo súdito
Padre Cícero Romão Batista

Prezado leitor, o Padre Cícero não estava exagerando quando apresentava a situação de Juazeiro e de sua mãe, na volta de Roma. Até seus inimigos reconheciam o drama que se vivia e o quanto sua presença era importante para resolver situações dramáticas que os famintos estavam passando. A título de exemplo, aqui vão alguns trechos de cartas do Padre Alexandrino a Dom Joaquim.

Em 14 de dezembro de 1898, ele já tinha escrito ao bispo, dando notícias da terrível seca que assolava a região:

(...) A seca nesta freguesia e vizinhas está fazendo estragos horrorosos principalmente no Juazeiro, cuja população faminta e maltrapilha, em sua maioria, sai todos os dias a mendigar o pão em todas as direções. O preço dos gêneros é o seguinte: rapaduras a 70#000cento, farinha a 400 o litro, feijão 800 e 1000 o litro e milho a 350 o litro. Ainda não tivemos chuva. Se for bom o inverno, não teremos, apesar desta, fartura por falta de semente para o povo pobre.

Ele anuncia que o Padre Cícero acaba de chegar de Roma, via Fortaleza, mas é fácil perceber o mal-estar que existe entre os dois sacerdotes. Padre Cícero tinha certeza de que o Padre Alexandrino já sabia das notícias de seu triste encontro com o bispo. Por isso, não comentou nada, por medida de prudência, porque sabia que tudo chegava aos ouvidos de Dom Joaquim, muitas vezes, com algumas interpretações ou comentários que o prejudicavam: "(...) No dia 4 do corrente chegou ao Juazeiro o Padre Cícero, e nesta cidade (Crato) no dia 7. Celebrou no dia 8 na Casa de Caridade. Visitei-o, mas nada conversamos sobre a questão que o levou a Roma (...)".

Na mesma carta, o padre reclama do comportamento de José Marrocos pedindo esmola às famílias do Crato em favor do povo faminto de Juazeiro.

> (...) O José Marrocos, sem autorização minha, tratou de agenciar donativos nesta cidade no intuito de fazer uma loteria em favor somente dos pobres do Juazeiro. Proibi semelhante abuso por um ofício cuja cópia remeto a V. Exa.
>
> Não obstante a minha proibição, levou a efeito a pretensão dele, deixando de responder meu ofício (...).

A proibição do Padre Alexandrino, pároco da Igreja de Nossa Senhora da Penha, é assustadora, ainda mais depois de ele mesmo reconhecer que a situação do povo "maltrapilho" de Juazeiro era a pior de sua comunidade paroquial. A fome dessa população faminta não merecia esse gesto urgente, misericordioso e de partilha?

Veja, prezado leitor, até que ponto chegou a perseguição contra o povo de Juazeiro. Ainda bem que José Marrocos não obedeceu e continuou sua campanha, chamada pelo Padre de "abuso".

Em 7 de fevereiro de 1899, Padre Alexandrino intercedeu em favor do prolongamento da permanência do Padre Cícero junto a sua mãe e ao povo faminto que chegava dos estados do Nordeste, pedindo socorro e comida ao padrinho:

Excelentíssimo e Reverendíssimo Senhor

Em observância ao que V. Exa. exigiu de mim em carta datada de 25 de janeiro próx. passado, continuo a dar informação sobre o Padre Cícero.

Obedecendo às terminantes ordens de V. Exa., deixou o Juazeiro no dia em que completou os dois meses de permanência no Juazeiro permitidos por V. Exa., e está por ora nesta cidade.

O procedimento dele até agora nada teve de repreensível; pelo que me atrevo a pedir a V. Exa. o seguinte: que permita ao Pe. Cícero demorar no Juazeiro ao menos uns três meses, porque a mãe dele, que se acha muito doente e que tanto o estremece, tem muita necessidade da presença dele; e, além disso, o povo faminto daquele povoado, durante a crise atual, que muitas vítimas tem feito por inanição, com a presença do padre ali, é em grande parte aliviada em suas mais rigorosas necessidades.

Na confiança de que V. Exa. atenderá ao meu pedido (...) (07/02/1899).

Esse pedido é muito esclarecedor, sobretudo depois da leitura da carta anterior. O Padre Alexandrino reconhece que a presença caridosa do Padre Cícero alivia sensivelmente o drama da fome do povo de Juazeiro, aquela fome que ele mesmo tinha proibido que fosse aliviada pela iniciativa de José Marrocos. Será que o pároco sentiu a consciência pesada, para tomar coragem, pedindo clemência e compreensão a Dom Joaquim em favor de Juazeiro? Que seja mesmo, caro leitor, pois acredito que Padre Alexandrino tinha, no fundo, um bom coração e sofria bastante, obedecendo às ordens e orientações do bispo do Ceará. A leitura atenta de mais de quarenta de suas cartas confirma essa minha interpretação.

Os habitantes de Juazeiro já tinham enviado um abaixo-assinado pedindo a permanência do Padre Cícero a Juazeiro por razões humanitárias:

A população pobre desta localidade se acha no último período de penúria, a fome vai fazendo suas vítimas por dia: e como o único recurso que os pobres encontram nesta terra (afora os socorros dos confrades de São Vicente, que já se acham quase exaustos) é a caridade sem limite do Padre Cícero Romão Batista, que, cotidianamente, reparte com os famintos o que lhe dão, e este de retirar-se daqui a quatro de fevereiro, é certo que a sua ausência fará crescer o número das vítimas – e estas sem confessarem. À vista do exposto vêm os suplicantes requerer a Vossa Excelência, em nome da caridade de Deus, se digne conceder que o padre demore nesta terra, para evitar tantas vítimas físicas e morais, ao menos durante esta quadra horrorosa que atravessamos (25/01/1899).

O pedido do Padre Alexandrino e dos habitantes de Juazeiro não foi atendido por Dom Joaquim.

Então, por obediência, mas cheio de aflição, Padre Cícero foi morar no Crato, após residir em Juazeiro durante os dois meses permitidos, esperando a confirmação dos direitos concedidos pelo Santo Ofício, especialmente pelo Cardeal Parocchi.

Mas outra "bomba" ia ser lançada, reativando o conflito. No dia 26 de dezembro de 1898, depois das festividades de Natal, Dom Joaquim divulgou sua quarta carta pastoral "publicando o decreto do Santo Ofício em que condena pela terceira vez as sacrílegas fraudes e superstições do Juazeiro".

Nessa carta, escrita para toda a diocese do Ceará, o bispo considerava Padre Cícero o principal responsável e culpado de todos os abusos praticados em seu nome. Voltava a afirmar que lhe era proibido morar no Juazeiro segundo o decreto de 1897, ainda em vigor.

É evidente que o bispo ficou decepcionado com a absolvição do Padre Cícero. E o Santo Ofício não pareceu ter diagnosticado nesse sacerdote um "desequilibrado", como o bispo tinha previsto numa carta anterior, escrita ao Núncio Apostólico.

Os cardeais não exigiam mais sua saída de Juazeiro, apenas aconselhavam que "se for possível, ele vá para outra diocese", quando Dom Joaquim desejava que o Padre fosse morar na Europa ou, pelo menos, no Sul do Brasil. Mas o bispo de Fortaleza tinha a convicção de que a frase "se for possível, vá para outra diocese" não invalidava o decreto de 10 de fevereiro de 1897.[2] Mais tarde, você verá o quanto essa "convicção" e ambiguidade de compreensão do documento romano vão encadear mais sofrimentos e perseguições ao Padre Cícero, a Juazeiro e aos romeiros.

Ao clamor do padre, pedindo socorro em favor do povo de Juazeiro e dos romeiros, os cardeais exortaram o bispo a enviar logo missionários nesse povoado que não tinha mais recebido nenhuma assistência religiosa desde 1892. Os cardeais foram mais além, pedindo a Dom Joaquim a nomeação de um capelão residente em Juazeiro.

---

[2] (O sacerdote Cícero Romão Batista, dentro de dez dias do presente mandato, deixe o lugar Juazeiro e vizinhança, sob pena de excomunhão *latae sententiae*, do mesmo modo reservado ao Pontífice Romano.)

Enfim, o Tribunal orientava o bispo a não exigir daqueles que acreditavam no "milagre da hóstia" uma declaração de "malícia ou culpa própria ou alheia". Bastava a aceitação do decreto de 1894. Em outras palavras, bastava observar o "silêncio obsequioso" sobre os fatos de Juazeiro, respeitando a consciência de cada um.

Querendo convencer Roma de que era preciso manter a interdição de permanência do Padre Cícero em Juazeiro, Dom Joaquim escreveu logo ao Cardeal Parocchi, no dia 10 de março de 1899:[3]

> Adverti [o Pe. Cícero] que ele tinha sido absolvido, sim, das censuras e da suspensão a *divinis*; contudo, estando em vigor inteiramente o decreto de 10 de fevereiro de 1897, não lhe era lícito habitar em Juazeiro, sob pena de excomunhão *latae sententiae*, fulminada no mesmo decreto... Em suma: se o Pe. Cícero deixar o Juazeiro, tudo estará terminado; se, porém, obtiver a licença de permanecer ali, qualquer coisa que se faça ou pelo Santo Ofício ou por mim, será inútil.

Monsenhor Assis, lendo essa carta que se acha nos arquivos do Santo Ofício, ficou também surpreso com uma falsa informação: "Padre Cícero afirmou ter sido não só absolvido de todas as censuras, mas também lhe ter sido restituído o uso integral das ordens sacras".

---

[3] PEREIRA, op. cit., 103.

Na realidade, em todas suas cartas, Padre Cícero afirma que tinha recebido apenas a faculdade de celebrar missa e residir em Juazeiro.

Evidentemente, escreve Monsenhor Assis, Dom Joaquim queria, a todo custo, forçar a aceitação em Roma de sua interpretação do decreto, no que se refere à permanência em Juazeiro. A saída do Padre Cícero do Juazeiro era uma questão de honra para Dom Joaquim, da qual não abria mão: "*Nullo modo expedit*", dizia ele na carta ao cardeal: "Não convém de modo nenhum".

Caro leitor, não sou especialista em direito canônico, ao contrário de Monsenhor Francisco de Assis Pereira. Apresento-lhe apenas a conclusão de seu longo estudo dos documentos que ele encontrou no Santo Ofício:[4] "A interpretação intransigente de Dom Joaquim, segundo a qual o decreto de 17 de agosto de 1898 mantinha a proibição da permanência do Padre Cícero, em Juazeiro, não resiste a uma análise textual e contextual do documento".

O que importa, para nós, é ter a certeza de que Padre Cícero não mentiu e que tinha recebido a licença de voltar a morar em Juazeiro, sem, por isso, ser excomungado. Segundo Monsenhor Assis, a frase: "se for possível, vá para outra diocese" tem que ser entendida como uma possibilidade, até mesmo um conselho insistente, mas *não uma ordem*.

É claro que, para o Padre Cícero, não era possível deixar Juazeiro, sua família e a multidão de pobres que Jesus tinha-lhe confiado naquele sonho que marcou sua vida sacerdotal desde o começo.

---

[4] Ibid., p. 101.

Mais uma vez, caro leitor, em nossa peregrinação, abrindo o "livro da vida" do Padre Cícero, é triste encontrarmos, de novo, em nossa frente, aquele "muro" que separava esses dois mundos: de um lado, o "mundo clerical" do bispo de Fortaleza, aparentemente insensível à realidade concreta da fome e da doença alheia, mas preocupado principalmente em ver o Padre Cícero longe de Juazeiro, e, do outro lado, o "mundo popular" do padrinho, vivendo e sofrendo concretamente o drama da seca e do povo faminto, a situação de sua mãe doente, e procurando um modo de aliviar essas dores.

Certo de que tinha recebido do Tribunal do Santo Ofício a permissão de voltar a morar em Juazeiro, e depois da publicação da nova carta pastoral que mostrava a "convicção" e intransigência de Dom Joaquim, Padre Cícero tomou a decisão de seguir sua consciência, ouvindo o clamor do povo em situação calamitosa. Decidiu se mudar para junto de sua mãe e dos seus, para acudir a todos aqueles que precisavam dele. Como não lembrar aqui a ordem de Jesus que, em sonho, lhe tinha dito: "Você, Padre Cícero, tome conta deles". A decisão de sua volta aconteceu exatamente dez anos após a primeira transformação da hóstia em sangue, na boca da Beata Maria de Araújo, no dia 1º de março de 1899, data que ele anotou no seu breviário. Mas o padre realizou essa mudança progressivamente, ficando cada vez mais tempo em Juazeiro. Ele não queria enfrentar e se indispor com o bispo, que se preparava para participar, em Roma, do Concílio Latino--americano, em maio de 1899. Padre Cícero guardava ainda a esperança de que Dom Joaquim, num encontro possível com o

Santo Ofício, ia ser esclarecido e acabaria aceitando as medidas tomadas em seu favor.

Numa carta escrita por Padre Alexandrino ao bispo que estava em Roma, no dia 1º de junho de 1899, podemos ler:[5]

> Sou forçado a confessar que aquele padre tem procedido bem depois da partida de V. Exa., não indo a Juazeiro senão a visitar a família. Ele nutre esperança de obter de V. Exa. Revma. licença para residir naquele lugar na crença de que o Santo Ofício dará a V. Exa. Revma. as mais completas faculdades em favor dele.

Infelizmente, o contrário aconteceu! Dom Joaquim apresentou-se aos cardeais inquisidores, no dia 20 de maio de 1899, defendendo veementemente a necessidade de sua posição interpretativa do decreto: o afastamento do padre de Juazeiro. As anotações do encontro revelam seu conteúdo desfavorável, afirmando até o desequilíbrio mental do Padre Cícero.

No seu estudo detalhado, Monsenhor Assis não pôde deixar de escrever sobre sua decepção:[6]

> É lamentável que os cardeais e seus assessores não tenham feito uma análise mais profunda do decreto de 17 de agosto de 1898 e, assim, acabaram confirmando uma interpretação errônea do bispo de Fortaleza. Esta decisão é ainda mais lamentável pelas desastrosas consequências sobre a pessoa do Padre Cícero, que, daí em diante, passou a ser considerado pelo Santo Ofício como rebelde e excomungado. Essas informações e as outras que seriam prestadas

---

[5] Ibid., p. 103.

[6] Ibid., p. 103.

posteriormente, pelo terceiro bispo de Fortaleza, Dom Manuel da Silva Gomes, é que levaram o Santo Ofício, em 1916, quando, de novo foi reaberto o caso do Padre Cícero, a declará-lo formalmente incorrido na excomunhão, como veremos mais adiante.

Caro leitor, vamos parar um momento nesse caminho tortuoso e sofrido do "livro da vida" do Padre Cícero. Essa história pode lhe parecer tenebrosa e dolorosa demais. E é mesmo! Onde estão os "sinais de Deus" que marcaram tanto sua infância e os primeiros vinte anos de seu sacerdócio? Onde estão as luzes para clarear a história do Padre Cícero? É bem verdade que, na maioria da vida de santos, estes passam por "noites escuras" e o poder do maligno parece, às vezes, triunfar. Deve ser o caso de muitos de nós também. Por isso, é sempre bom nos lembrarmos das palavras de Jesus, tranquilizando seus discípulos: "Não tenham medo, eu venci o mundo" (Jo 16,33). É importante nos lembrarmos também da sábia palavra de Gamaliel: "Se o projeto ou a execução for coisa de homem, fracassará; se é coisa de Deus, não podereis destruí-los, e estareis lutando contra Deus" (At 5,38-39). Então, não percamos a coragem nem a paz interior, como o próprio Padre Cícero nos deu o exemplo. Pois é! O Padre Azarias Sobreira, seu afilhado, relata uma conversa que teve com o padrinho, já com seus 82 anos de idade. Para nos dar coragem e alimentar nossa confiança, vamos entrar nessa conversa?[7]

(Padre Azarias) Minha vida vale bem pouco, mas este pouco eu já ofereci a Nosso Senhor para que, com a minha morte, desapare-

---

[7] SOBREIRA, Azarias. *O Patriarca de Juazeiro*. 3. ed. Fortaleza: UFC, 2011, p. 77.

cesse todo o desentendimento que existe entre o Senhor e o bispo da Diocese.

Para surpresa minha, o Patriarca, longe de molestar-se, agradeceu, cordialmente, o interesse que assim eu demonstrava por sua pessoa. E, em lugar de desconversar, como muitos fazem, ou mesmo dizer-me, positivamente, que não tinha que me prestar satisfação de seus atos, o que fez foi acrescentar o que passo a expor: "Pode ser que eu esteja errado – disse-me ele –, mas a minha consciência não me acusa de falta nesta matéria. Você vive perdendo sua paz de espírito por amor de mim, ao passo que eu, até o dia de hoje, ainda não perdi uma hora de sono por inquietação de consciência. Sei que muita gente me dá o qualificativo de padre desobediente e coisa ainda pior. Por causa disto tiraram minhas ordens, mas eu não encontro caminho para proceder de outra maneira. E você sabe que ninguém está obrigado a agir contra esta voz íntima de cada um de nós. Isto é um princípio de Teologia moral que ninguém pode contestar.

Então, vamos continuar nossa peregrinação. Deus é fiel e nos conduz, "ainda que caminhemos por vales escuros" (Sl 23) com o Padre Cícero!

Mas, veja, caro leitor, como uma interpretação errônea do bispo e que acaba sendo assumida também pelo Tribunal da Santa Inquisição, teve consequências profundamente injustas até o fim da vida do Padre Cícero. De quem é a culpa? Pessoalmente, não acredito nem quero acreditar que sejam manipulações conscientes e maldosas da parte da hierarquia, seja do bispo, seja dos cardeais. Prefiro pensar que se tratam de erros humanos de leituras interpretativas de decretos, assim como daquelas famosas "convicções" de Dom Joaquim que o fechavam à revisão e ao diálogo. É deplorável, mas isso existe mais frequentemente do que se pensa na vida da gente, em nossas relações humanas. Longe de nós, preconceitos e convicções sem provas.

Isso me lembra de uma carta escrita ao Padre Cícero por Monsenhor Macedo, depois de ele ter presenciado uma conversa de Dom Joaquim com o Núncio Apostólico. Essa carta não poderia ter um espaço melhor do que este aqui, para ilustrar o que acabamos de analisar sobre as intrigas, incompreensões e interpretações erradas que marcaram a história do Padre Cícero:

> Almocei ontem na Nunciatura com o cardeal e o bispo do Ceará, que achei sempre duro e inflexível quanto aos negócios do Juazeiro, fazendo, no entanto, as melhores anuências de V. Revma. (...) Está me parecendo que há entre V. Revma. e o seu bispo investigáveis desígnios ou intrigas ocultas, das quais nem um nem outro descobriram ainda a fonte perversa. Onde está o nó e a espinha é que ninguém sabe, nem pode atinar. Qual o motivo de tal profundo desacordo? Como explicar a falta de confiança do bispo para com V. Revma., a quem, no entanto, ele faz tantos elogios e a quem respeita como um excelente padre? Mistério! Mistério! Mistério! Quem será o culpado? Um dos dois? Ninguém pode afirmar e bem pode justamente ser um terceiro, que se ignora e anda nas trevas. Descobre o cabra e fogo nele!
>
> Se assim procedo com V. Revma. é porque sua pessoa me inspirou uma grande simpatia. Sou sincero e ficarei orando a Nosso Senhor no altar para que V. Revma. entre em breve num período de paz com os seus superiores[8] (08/06/1909).

---

[8] Arquivos dos salesianos, cuja cópia está no CPR, em Juazeiro do Norte (pasta 63, 8).

Tomara que, brevemente, se descubra aquele "terceiro" que anda nas trevas. Tomara que, enfim, a verdade apareça sobre o Padre Cícero, o padrinho que milhões de brasileiros já reconhecem como santo. Esperamos... esperamos...

Mas é hora de retomarmos nossa peregrinação, acompanhando o caminho do "livro da vida" do Padre Cícero. Voltamos ao decreto de 1º de setembro de 1898, aquele mesmo que tinha absolvido o Padre Cícero, dando-lhe, como penitência, a ordem de rezar trinta rosários em honra da Mãe de Deus. Por este decreto, Dom Joaquim tinha recebido, ele também, algumas orientações pastorais.

Infelizmente, o bispo atendeu apenas parcialmente a essas exortações. Ele mandou missionários apenas em junho de 1899, em razão da grande seca e da situação dramática da fome do povo. Mas nunca enviou um capelão com residência fixa em Juazeiro. Foi necessário esperar 1917 para que Juazeiro pudesse finalmente contar com um sacerdote residente, quando foi criada a paróquia, no governo de Dom Quintino, primeiro bispo da nova Diocese do Crato. Vinte e cinco anos de um rebanho abandonado, sem pastor, a não ser um padre privado de suas ordens sacerdotais que só podia celebrar a missa a 18 km de distância de Juazeiro As perseguições contra o Padre Cícero e os romeiros continuaram.

A título de exemplo, escolhi duas cartas entre muitas. Elas mostrarão a que ponto continuou a perseguição ao povo de Juazeiro e ao Padre Cícero. Para mim, devo confessar que é difícil imaginar autoridades eclesiásticas daquela época agindo dessa maneira e de "boa-fé". Acredito que os padres obedeciam cegamente às ordens superiores, mas com certo problema de consciência. É claro que temos que voltar ao tempo: aconteceu há mais de 100 anos. Entretanto, fico pensando em nosso Papa Francisco. O que diria ele, ante tais situações? E você, caro leitor?

Eis uma carta do Padre Sother ao Padre Cícero:

Crato, 27 de março de 1912

Venerando e bom amigo Pe. Cícero,

Salutem in Domino

Sinto-me deveras penoso em lhe escrever esta carta do modo como estou escrevendo. Vim do Quixadá com a firme resolução de chegar até essa Vila confessar Sinhá Quinô etc., como fazia das outras vezes; mas, chegando aqui, tendo ciência do que havia sobre negócios religiosos de Juazeiro, entendi que não devia ir por ora aí. O vigário disse-me que, de acordo com ele, padre nenhum administrava sacramento algum, ao menos por ora, nessa capela desta vila, e o Sr. Bispo disse a ele, vigário, que se quisesse administrar sacramentos aí, o fizesse em caso particular. A visto disto, tendo na memória o que se deu com o Pe. João Carlos, Pe. Peixoto, e ultimamente com o Pe. Irineu, compreendi que não devia me expor e passar pelo vexame e dissabor por que passaram aqueles padres. (...) Só poderei ir confessar Sra. Quinô levando-lhe a comunhão daqui. Se V. Revma. quiser assim, de mui boa vontade o farei. Por ora é o que posso dizer ao meu bom amigo.

Abraço o amigo e Ir. *In Christo Jesu*

Pe. Joaquim Sother

Eis a resposta do Padre Cícero:

Juazeiro, 28 de março de 1912

Meu caro, bom amigo Pe. Jm. Sother,

Salutem in Domino

Recebi sua carta, resposta do meu pedido para confessar e dar a comunhão a minha velha e enferma mãe, só por milagre ainda viva, como a muitos outros enfermos que aqui morrem sem o viático e sem os últimos sacramentos, que se eu não tivesse aqui, sem terem, nem sequer absolvição *in articulo mortis*. E meu bom amigo aqui celebrar e confessar mais algumas pessoas que necessitam. Ainda tínhamos esse recurso que V. Revma. nos prestava por sua caridade e velha amizade e que não tenho palavras para agradecer. Bem sabemos, V. Revma. e eu sei que esta sua caridade e sacrifício de amizade quanto desgostavam ao Sr. D. Joaquim e Pe. Quintino, V. Revma. vir aqui no Juazeiro e nos prestar esses serviços de seu zelo, salvação das almas, de sacerdote, segundo o espírito de Deus e da amizade sincera que sempre tivemos, através das ímpias perseguições que me oprimiram. Sim Sr., meu bom amigo, sinto muito e sinto o Sr. Pe. Quintino e Sr. D. Joaquim fazerem de minha mãe, velhinha e quase morta, uma vítima das perseguições e ódios que têm contra mim e o Juazeiro, privando-a dos sacramentos nos últimos dias da vida.

Quem pode escurecer que fazem uma verdadeira perseguição religiosa com ódios velhos que não ocultam, um esforço inconscientemente diabólico para condenar almas e destruir o resto de fé e de religião que ainda se conserva no povo. Perseguindo uma população de trinta mil almas empregando um esforço para deixarem a religião e a Igreja. Só Deus lhe tem sustentado a fé e eu os aconselhando para não se debandarem.

O Sr. Pe. Quintino e o Sr. Bispo não querem mais nem que o povo do Juazeiro tenha missa, privando os padres de virem aqui celebrar. É realmente diabólico.

Sincero e amigo da verdade, como é V. Revma., e que não sabe negar as verdades conhecidas como tais, e nem aprovar o mal de qualquer modo, e de quem quer que venha, certamente lamenta e sente indignação, como eu, por tamanhos absurdos e impiedade. Sei que o meu bom amigo não aprova tais atitudes de verdadeiros lobos vestidos de pastores.

Como seu amigo, respeito e acho muito justa a sua prudência – evitar e livrar-se de meter-se dentro de uma perseguição tão grave, só filha do ódio cego, e instigada pelo demônio, que só Deus pode dar remédio.

Como Deus está vendo tudo, algum dia tomará contas com o Pe. Quintino e D. Joaquim, que oprimem a salvação de minha mãe, doente e no fim da vida, e a tão grande número de almas que custaram, a Jesus Cristo, o sacrifício da sua paixão e morte para salvá--las, e estes homens esforçam-se para as perder, embaraçando-lhes os sacramentos. Deus os recompense.

Apelamos para Deus de tamanha impiedade. Deus os converta porque o demônio os ilude e faz que achem que, perseguir a Salvação dos habitantes do Juazeiro, lhes ter ódio, desejarem-lhes males até a perdição eterna, é causa boa e zelo santo de santos pastores. Sim Sr., os que perseguiram a Jesus Cristo e aos seus discípulos também fizeram assim, se julgando zelosos e santos.

Só eles não veem que são lobos vestidos de zelosos pastores. Mas Deus assim os vê, e os que sofrem há 19 anos esperando somente em Deus o remédio e pedindo que os converta e nos livre deles, também sabem e creem que um dia assim serão julgados. A autoridade, "para salvar", abusa e emprega seu poder a perseguir.

Como já sabemos, Dom Joaquim só deu ao Padre Cícero a licença de celebrar no Ceará, mas em lugares distantes a pelo menos três léguas de Juazeiro (18 km). Era preciso fazer de tudo para dificultar a moradia do Padre Cícero em Juazeiro e desestimular os romeiros a acompanhar o padre, andando 36 km, sob o sol inclemente do Ceará, para assistir à missa celebrada pelo padrinho. Mais uma vez, percebe-se a personalidade ao mesmo tempo indecisa e rígida do bispo: é claro que tal medida não ia alcançar os efeitos desejados por ele. Em cada missa celebrada pelo Padre Cícero, numa capela situada a três léguas de Juazeiro, uma multidão de devotos o acompanhava.

Além disso, essa permissão era incoerente: se Dom Joaquim considerava o Padre Cícero excomungado, segundo o decreto de 1897, por ter voltado a morar em Juazeiro, como um excomungado poderia ter recebido a licença de celebrar a missa, mesmo a três léguas de distância do povoado? Retomaremos esse ponto mais tarde, quando Dom Quintino, primeiro bispo da nova Diocese de Crato, recebeu, perplexo, um novo decreto de excomunhão do Padre Cícero. Calma! Vamos devagar, senão arriscamos atropelar, cair e "quebrar uma perna" nesse caminho tortuoso e perigoso da vida do Padre Cícero.

Durante os anos seguintes, o movimento de romeiros e migrantes cresceu sem interrupção, não mais em razão do "milagre", como já vimos, pois não se falava mais dele, por ordem expressa do Padre Cícero, mas para visitar o "Santo Juazeiro" e morar "à sombra da Mãe das Dores", pedindo conselho ao "padrinho".

O Padre Cícero, que não podia mais exercer o seu ministério como capelão, passou a ocupar-se cada vez mais da vida do povo, sua situação econômica, sua sobrevivência, a formação escolar e profissional, o progresso do lugar. Cada vez mais, ele tinha fama de resolver os conflitos, continuava ensinando remédio para as doenças, e, como já vimos, foi um grande ecologista, mostrando ao sertanejo como viver no semiárido, respeitando a mãe natureza.

Ele queria que, em Juazeiro, cada casa fosse um "santuário" e uma "oficina", juntando sempre oração e trabalho. É o momento da gente se lembrar das influências que o jovem Cícero recebeu durante sua juventude: São Francisco de Sales, Padre Ibiapina e Padre Rolim. Você ainda se lembra? Falamos disso bem no começo desta parte.

Padre Cícero organizou diversas comunidades de camponeses, sob a orientação de um beato, onde tudo era colocado em comum, como no tempo dos primeiros cristãos. A comunidade mais conhecida, sob a orientação do Beato José Lourenço, desenvolveu-se no "Caldeirão da Santa Cruz do deserto", na Chapada do Araripe, e reuniu mais de 2 mil famílias ao redor de uma capela dedicada a Santo Inácio de Loyola, pois nesse lugar tinham sido descobertos os cadáveres de dois missionários jesuítas que lá morreram de fome, tentando escapar da perseguição do Governo.

E você sabe que Dom Helder Camara, quando era seminarista, teve um encontro emocionante com Padre Cícero? O próprio arcebispo de Olinda contou-me essa história quando, já emérito, passou alguns dias em Juazeiro.

Durante suas férias, o jovem seminarista Helder, de 18 anos, tinha recebido a responsabilidade de conseguir assinaturas do jornal da Diocese. Quando chegou a Juazeiro, batendo nas portas e oferecendo o jornal, o coitado não teve sucesso. Não conseguiu uma assinatura só! Então, ele dirigiu-se, com certo temor, à casa do Padre Cícero. Falava-se tão mal dele no Seminário da Prainha, em Fortaleza. Mas ele foi recebido com carinho pelo velho sacerdote de 83 anos. E Helder contou-lhe seu problema. Após um momento de silêncio que parecia uma eternidade, Padre Cícero sorriu e falou: "Meu filho, se eu fosse agir humanamente, eu não queria nem ouvir o nome deste jornal. Ele fez e faz afirmações que são falsas e nunca me deu o direito de resposta. Mas, como você é seminarista, devo provar a você que, no coração de um cristão, e, sobretudo, de um padre, não cabe uma gota de ódio". Dom Helder contou-me que guardou essas palavras como um tesouro e que o exemplo do Padre Cícero o ajudou a perdoar tantas perseguições que ele mesmo sofreu durante a ditadura militar, sobretudo a proibição de falar, escrever e se defender em jornais e no rádio.

O Padre Cícero foi o primeiro a fazer a assinatura do jornal e escreveu um bilhete convidando o povo a fazer o mesmo. Então, as portas de Juazeiro abriram-se e nosso jovem seminarista conseguiu muitas assinaturas.

Dom Helder ficou impressionado pelo jeito do Padre Cícero receber cada romeiro. Ele ficou na sala, a convite do velho sacerdote, observando diversas cenas de aconselhamento. Padre Cícero era um verdadeiro "orientador profissional", procurando descobrir os dons, as aptidões do romeiro, a fim de orientá-lo a trabalhar e sustentar sua família. Ele tinha uma visão muito concreta da necessidade de desenvolvimento sustentável e equilibrado na indústria, no comércio, na agricultura, no artesanato e nas profissões liberais.

Mas há um fato muito engraçado que Dom Helder me contou rindo muito: chegou um sertanejo, pedindo a bênção ao Padre. Depois de ser abençoado, ele falou: "Meu padrinho, eu vim pedir perdão, porque eu vou precisar matar Rosa!". "Que história é essa?", exclamou o Padre Cícero assustado. "Meu padrinho, cheguei do Piauí e Rosa está com um menino que não é meu! O jeito é matar Rosa!", justificou o homem. Padre Cícero mandou o sertanejo se aproximar e perguntou: "Me diga: quanto tempo eu disse que você podia ficar no Piauí? Não foram cinco meses?". "Sim, meu padrinho!", respondeu o marido. "E você passou cinco anos! Você deixou Rosa com três filhos e nunca mandou um tostão para ela!" Houve um silêncio e Padre Cícero chamou o homem ainda mais perto dele: "Olhe bem nos meus olhos e me diga: você, no Piauí, foi fiel à Rosa?". "Ah, meu padrinho, o senhor sabe, homem é homem". "Não, meu filho! Homem é quem domina a si mesmo! Me passe sua faca!", ordenou o padrinho. "Não, pelo amor de Deus, não, meu padrinho! Um homem sem faca é um homem nu", respondeu o romeiro assustado. Padre Cícero passou a mão no ombro do sertanejo e falou com muita firmeza: "Meu filho, se você levantar o dedo contra Rosa, seu braço vai secar na mesma hora! Dê-me a sua faca, meu filho!". E o homem, chorando, entregou a faca ao Padre Cícero que, sorrindo, falou: "Eu sabia! Você tem um coração bom! Volta com sua Rosa! Daqui um ano, passe aqui pra gente batizar mais uma criança".

Eis o que Dom Helder me contou, e terminou essa conversa, afirmando: "Sim, irmã! Padre Cícero é um homem de Deus, não importa se um dia for canonizado pela Igreja ou não. Ele é santo pela *vox populi*, a voz do povo!

Como seria bom terminar a história do Padre Cícero com o testemunho de um "santo" falando de outro "santo", prezado leitor! Mas ainda não estamos no fim da via-sacra do padrinho dos pobres! Vamos entrar numa outra fase de sua longa aventura, a fase política, que, também, foi bastante polêmica.

Padre Cícero político, e a emancipação de Juazeiro

O lugarejo de Juazeiro estava crescendo a ponto de querer tornar-se cidade, independente do Crato. Pagavam-se impostos à prefeitura, mas não se recebia nenhuma benfeitoria, apenas desprezos e humilhações.

Um fato que revoltou a população de Juazeiro foram as palavras infelizes de um pregador que acompanhava Dom Manuel Lopes, bispo auxiliar de Fortaleza, na cidade do Crato, dia 26 de setembro de 1909. O padre começou sua homilia num tom solene: "Povo nobre e altivo de Crato. Peço permissão para falar sobre o povo imundo de Juazeiro que vive guiado por Satanás!".

A reação do povo de Juazeiro foi imediata: organizou um boicote econômico. Ninguém ia mais comprar nada em Crato e todos se recusaram a pagar impostos à Prefeitura. A ideia de independência crescia nas conversas e o Padre Joaquim de Alencar Peixoto, inimigo do Crato e redator-chefe do novo jornal *O Rebate*, esquentou a vontade de autonomia, escrevendo artigos contra o Crato e seu prefeito, António Luiz.

Naquela época, em 1908, entrou também em cena e na vida do Padre Cícero um novo personagem que teve uma influência importante e decisiva sobre o velho sacerdote. Chegou a Juazeiro o médico baiano, Doutor Floro Bartolomeu da Costa, acompanhado do engenheiro francês, o Conde Van den Brule. Não vou alongar-me sobre as razões da chegada desses dois "aventureiros" à procura da exploração de minas de cobre, senão que uma delas pertencia ao Padre Cícero, na fazenda de Coxa. Os dois foram, então, à procura do proprietário. Quando Doutor Floro descobriu a situação de conflito que existia entre Crato e Juazeiro, percebeu que tinha chance de realizar suas pretensões políticas, mais importantes para ele do que a exploração de qualquer mina. Padre Cícero, preocupado em resolver pacificamente a independência de Juazeiro em relação a Crato, guardava também o constante desejo de reaver o uso de suas ordens sacerdotais. A exploração da mina de Coxa não poderia servir de patrimônio necessário à criação de uma diocese prevista para o Cariri, e, por que não, em Juazeiro? Padre Cícero sempre foi um sonhador "pé no chão". Mas, desta vez, seu sonho nunca se concretizou e ficou "no ar". Nunca ia ser aceito nem pelo bispo do Ceará nem pelo Vaticano.[1]

Entretanto, criou-se progressivamente uma aliança muito forte entre o médico e o sacerdote, esses dois homens tão diferentes em seus temperamentos e pretensões. O Doutor Floro, com habilidade, mostrou-se pronto a ajudar o Padre Cícero a realizar seus sonhos. Aliou-se ao Padre Peixoto e aos defensores da autonomia de Juazeiro. O primo e amigo do Padre Cícero, José Marrocos, que tinha lutado tanto em favor do "milagre da hóstia",

---

[1] A nova diocese foi criada em Crato, no dia 20 de outubro de 1914 e somente no dia 1º de janeiro de 1916 tomou posse o seu primeiro bispo.

apoiou também o movimento de independência. Mas não chegou a festejar a emancipação de Juazeiro, pois faleceu no dia 10 de agosto de 1910. Alguns historiadores afirmam que Marrocos teria sido envenenado pelo Doutor Floro, que queria eliminar ou afastar os amigos mais íntimos do velho sacerdote para tornar-se seu *alter ego* e advogado. É bem possível, mas prefiro deixar essa questão em aberto por não cair na tentação de ter "convicções sem provas", como aconteceu tantas vezes na questão religiosa do "milagre da hóstia".

Mas quem ia ser eleito o primeiro prefeito de Juazeiro? O Major Joaquim Bezerra de Menezes, descendente de família importante da região do Cariri e rico fazendeiro, já estava mostrando-se interessado em conquistar esse posto na futura cidade. O lugarejo de Juazeiro estava mudando: dois grupos hostis confrontavam-se: os nativos, filhos da terra, e os romeiros, chamados de adventícios e que se tornavam a maioria, não em influência, mas em número. Com sabedoria, Padre Cícero conseguia manter certo equilíbrio e convivência entre os dois grupos, não sem dificuldade. A maioria dos nativos estava olhando os romeiros como sendo "invasores".

Ora, Padre Cícero conhecia bem o Major Joaquim e sabia que ele tinha aversão e hostilidade aos romeiros e migrantes. É por isso que o padrinho aceitou entrar na política, a contragosto. No seu testamento, ele escreve:[2]

---

[2] SOBREIRA, Azarias. *O Patriarca de Juazeiro*. 3. ed. Fortaleza: UFC, 2011, p. 401.

Nunca desejei ser político, mas em 1911, quando foi elevado o Juazeiro (...) para evitar que outro cidadão, na direção deste povo, por não saber ou não poder manter o equilíbrio de ordem, até esse tempo, por mim mantido, comprometesse a boa marcha desta terra, vi-me forçado a colaborar na política.

Mais uma vez, Padre Cícero fez sua opção pelos pobres, obedecendo à ordem de Jesus, no seu sonho: "E você, Padre Cícero, tome conta deles!".

É preciso lembrar que Padre Cícero não era mais capelão em Juazeiro. Um dia, o Padre Azarias Sobreira[3] expressou-lhe seu pesar por vê-lo envolvido em política partidária. Padre Cícero respondeu: "Que havia eu de fazer para não ficar ocioso, se me tiraram o sacerdócio, privando-me do uso total de minhas ordens? Fiquei reduzido à condição de um simples leigo: não posso dizer missa. Não posso confessar nem tenho licença de levantar a voz na Igreja. Foi este o único caminho que encontrei para continuar fazendo algum bem".

Felizmente, a emancipação de Juazeiro fez-se não sem dificuldade, mas sem guerra, mortos ou feridos, em 22 de julho de 1911.

Logo que foi eleito prefeito da nova cidade, Padre Cícero convocou todos os coronéis da região e conseguiu que eles assinassem um pacto de paz, conhecido como "o pacto dos coronéis". Por essa iniciativa, o sacerdote tentou ser conciliador, o que procurou ser durante toda sua vida política, mas nem sempre conseguiu!

---

[3] Ibid., p. 101.

Como ele mesmo o reconhecia, Padre Cícero não queria entrar na política partidária e veremos que, de fato, esta não era sua verdadeira vocação. Doutor Floro Bartolomeu parecia ter caído do céu e se afirmou rapidamente como o chefe de novas tendências políticas. O Padre Cícero, como prefeito, foi obrigado a posicionar-se cada vez mais abertamente em relação aos partidos de oposição, mas era o Doutor Floro que mandava politicamente, e, muitas vezes, com braços de ferro e sem o assentimento nem mesmo do conhecimento do velho sacerdote.

Infelizmente, em 1914, aconteceu uma guerra entre o Governo Federal e o novo governador do Ceará, Franco Rabelo, de partido oposto. Padre Cícero fez tudo que podia para evitar essa tragédia, pois a guerra é sempre uma tragédia. Escreveu cartas e telegramas que encontramos nos seus arquivos. Eis aqui um desses telegramas:

> Aproximam-se tropas de Juazeiro, mandadas por Franco Rabelo para massacrar-nos. Rogue meu nome, Marechal Hermes... medida urgente para evitar guerra civil. Sacerdote católico alheio, lutas armadas. Imploro por providências prontamente. Saudações. Padre Cícero.

Como não conseguiu impedir a guerra, Padre Cícero recomendou aos combatentes comportarem-se dignamente até o fim:

> O Sr. José Xavier vai como meu encarregado para ajudar na boa direção de todos os combatentes e soldados de Nossa Senhora das Dores que voltam por minha ordem. Peço que o atendam como a mim, todos se comportem como filhos da Santíssima Virgem e meus, aos quais todos abençoo, e espero que me obedeçam, na pessoa que mando, e dos chefes Pedro Silvino Borba e mais chefes que dirigem.

A Santíssima Virgem abençoe a todos.

Não atirem à toa e de festejo, como alguns gostam de fazer.

Pe. Cícero Romão Batista

(19/03/1914)

Em 17 de março de 1914, Padre Cícero recebeu de Monsenhor Salazar a seguinte mensagem, que confirma que muitos combatentes obedeceram às orientações do padrinho:

Meu caro Pe. Cícero,

Laudetur C.Jesu

Tive já ocasião de transmitir-lhe, bem como ao Dr. Floro, um telegrama de felicitação pela vitória gloriosa que trouxe para o Ceará a paz e, por conseguinte, a felicidade.

Quero apenas, agora, manifestar-lhe o meu sentimento relativamente ao procedimento dos batalhadores, seus bons romeiros, nesta cidade de Maranguape, durante o tempo em que nela estiveram, que foram 12 dias.

Deveras, meu caro amigo, admirei-me da boa conduta de tais homens que envidaram todos os esforços para reinar na cidade a ordem.

Ficamos convencidos de que estes homens não eram os matadores, os ladrões, os destruidores etc., como diziam os seus inimigos e adversários: bons homens, sempre pensei, e aqui provaram o que sejam.

Vivendo no meio deles, descobri os bons sentimentos de que eram dominados.

Consagram-lhe todos os seus afetos e todos os seus serviços, só querendo realizar os bons conselhos e cumprir as ordens do seu bom padrinho, procurando evitar desordens.

Em conclusão, meu caro, fiquei muito satisfeito com os seus amigos, e pessoalmente falando, trataram-me com muito respeito e distância; de sorte que só tenho palavras para elogiá-los.

O nosso bom Deus lance sobre eles abundantes benções.

Faço votos a Deus para que o conserve por dilatados anos e cheio de felicidade.

Abraços do amigo,
Monsenhor Salazar Maranguabe,
17 de março de 1914.

N.B.: O vigário da Freguesia, Pe. Joaquim Rosa, ficou também satisfeito com a conduta dos batalhadores.

É claro que nem todos os combatentes comportaram-se segundo as orientações do Padre Cícero. Ao próprio sacerdote que se queixava de brutalidades e roubos dos soldados, Monsenhor José Ferreira Lobo ouviu de Floro Bartolomeu a resposta agressiva: "Padre velho, não tem outro jeito; feche os olhos e deixe comigo o que vou fazer, porque não resta outra saída".[4]

Transcrevo aqui alguns trechos do artigo de Fernando Maia da Nóbrega.[5] O autor revela-nos, de maneira até dramática e revoltante, em que situação o Padre Cícero, na sua velhice, foi manipulado pelo Doutor Floro Bartolomeu. Como vimos, no começo, este se mostrou de uma caridade e doçura tais que se tornou grande amigo e confidente do sacerdote. Infelizmente, seu comportamento se transformou progressivamente, como podemos ler:

---

[4] Ver FEITOSO, Neri. "Eu defendo o Padre Cícero", 1982, p. 71.

[5] MAIA DA NÓBREGA, Fernando. "Dr. Floro Bartolomeu da Costa". Artigo que se pode encontrar na internet no blog "História de Juazeiro" – Daniel Walker e Renato Casimiro (06/04/2015).

Tornou-se de imediato o médico particular do Padre Cícero e abriu uma farmácia na rua São Pedro denominada "Ambulância de Dr. Floro", local onde fazia pequenas cirurgias e receitava gratuitamente as pessoas desvalidas de recursos. Pouco a pouco Doutor Floro foi consolidando sua imagem de homem prestativo, caridoso, amigo incondicional do Padre Cícero e defensor da cidade. (...) Arguto, sutil, engenhoso, Floro tinha plena consciência que era *alter ego* do Padre Cícero e, sendo conhecedor da inabilidade do venerando para situações práticas e técnicas do dia a dia, posto dedicar-se total e exclusivamente da parte pastoral, viu a oportunidade de tornar-se o senhor absoluto da política local usando o sacerdote! Sendo o braço direito do padre, certamente conduziria o destino político da cidade em tendo-o como prefeito! Para tanto, teria de eliminar os pretendentes ao cargo afastando algumas pessoas formadoras de opinião que circulavam em torno do reverendo. E foi assim que passou a agir. (...) De tal forma, Floro apoderou-se da prefeitura que levou ao Padre Cícero afirmar: "Sobre o governo do município eu nada sei: quem faz tudo é o Doutor Floro".[6] Quais os fatores que levaram o Doutor Floro a modificar tão bruscamente seu modo de ser e agir? Do homem polido, tratável, festeiro e amigo, foi-se transformando, dia a dia, numa pessoa ríspida, bruta, insociável e perigosa![7]

Amália Xavier atribui essa mudança comportamental a dois fatores:

---

[6] XAVIER DE OLIVEIRA, Amália. *O Padre Cícero que eu conheci*. Rio de Janeiro: Ed. H. Galeno, 1974, pp. 216-229, e SOBREIRA, Azarias, op. cit., pp. 71-79.

[7] PINHEIRO, Irineu. *O Juazeiro do Padre Cícero e a Revolução de 1914*. 2. ed. Fortaleza: Ed. IMEPH, 2011, p. 24.

O primeiro, decorrente de uma doença, a osteíte, causadora de sua irritabilidade a todo o momento. Num segundo plano estaria o poder adquirido pela sua ascensão política, transformando-o num déspota. (...) O próprio Padre Cícero foi vítima dos impulsos coléricos do médico baiano. Certo momento, durante a Revolução de 1914, Floro insistia em fazer saques nas cidades vizinhas para poder sustentar a tropa. Padre Cícero, ao discordar, foi acintosamente confrontado: "Ou faz assim, ou vou-me embora, deixando você nesse cipoal".

Noutra ocasião, ao ser contrariado pelo Padre Cícero quanto à prisão injustificada de pessoas, por serem apenas amigas do seu adversário político Zé Geraldo, Floro respondeu-lhe aos gritos: (...) "Você é um padre velho, besta! Quem entende de política sou eu! Trate de seus romeiros bestas e não me azucrine a paciência, que padre para mim é m...".[8]

Amália Xavier, no seu livro já citado, afirma que:

O Padre Cícero suportava este estado nervoso de homem público e procurava convencer os amigos que se afastavam até de sua casa, para não se tornarem vítimas de tais explosões grosseiras que mais se aproximavam do despotismo de quem, julgando-se senhor absoluto, queria jogar no ostracismo os que, não querendo formar com ele nos desmandos, censuravam-lhe as atitudes reprováveis, com o silêncio e o afastamento.[9]

---

[8] DINIZ, M. "Mistérios do Joazeiro", 1935, p. 70. "Muito embora Manuel Diniz, talvez para não ferir a imagem do Padre Cícero, afirme que essas palavras foram direcionadas ao Padre Macedo, discordo, posto ter sido ditas aos gritos e diretamente ao Padre Cícero" (N.A.).

[9] Op. cit., p. 222.

Nessa guerra entre o Governo Federal e o Governador Franco Rabelo, foi utilizado com sutilidade o nome e a fama do Padre Cícero para derrubar o governador do Ceará. Este acabou abdicando e embarcou para o Rio de Janeiro, em março de 1914. Juazeiro estava salvo! Floro cresceu no mundo político, como deputado federal. O prestígio do Padre Cícero aumentou, mas não consigo convencer-me de que era esse tipo de prestígio que o agradava. Sua situação em relação às autoridades eclesiásticas só piorava. Ele entrou na política a "contragosto" e o gosto que sentiu, apesar da vitória, ficou amargo.

Em 1914, Dom Manoel da Silva Gomes, sucessor de Dom Joaquim como Bispo de Fortaleza, continuou a enviar informações ao Núncio com a mesma prevenção e indisposição contra o Padre Cícero. Entretanto, nunca tinha tratado diretamente com ele nem visitado Juazeiro. Mons. Assis, em suas pesquisas, ficou surpreso por encontrar as missivas enviadas por Dom Manoel ao Núncio. Veja, caro leitor, um exemplo das notícias:

> (ao Núncio, Dom José Aversa : 23/03/1914) Permita V. Exa. Revma. que venha expor-lhe, como representante da Santa Sé, os fatos gravíssimos que se têm dado no Ceará, tendo como protagonista o Pe. Cícero Romão Batista; fatos que, embora políticos, têm ligações imediatas com a religião, pois são efeitos do fanatismo. O Pe. Cícero, condenado pela S.C.S.O. por decreto de 17 de agosto de 1898, e confirmado em 4 de novembro de 1908, por causa dos falsos milagres de Juazeiro, constituiu-se, com o decorrer dos tempos, autor de gravíssimas superstições e chega a passar por Deus, a ser quase adorado, sem nunca protestar contra estes fatos, antes, aprovando-os. (...) Agora, nestes últimos tempos, a situação tornou-se

mais grave, porque o fanatismo foi empregado pelo Padre Cícero para fazer uma revolução política que tem devastado o Ceará, causando males incalculáveis. (...) A revolução que agora infelicita o Ceará é política, não tem dúvida; mas foi levada a cabo pelo Padre Cícero por meio da superstição, que ele propaga e aumenta com suas astúcias. (...)

É claro que o Núncio fez-se o dever de prevenir o Santo Ofício (Relação n. 6.244 do Núncio ao Cardeal Secretário de Estado, 09/07/1914):

Esta carta do Bispo me chegou quando a revolução do Ceará já tinha terminado, com a intervenção do Governo Federal neste Estado. As instruções, portanto, não eram mais urgentes no momento; mas outras medidas não fossem talvez inúteis, porque aquilo que sucede em Juazeiro é sempre muito reprovável. No Ceará se fizeram eleições e o Pe. Cícero conseguiu eleger-se primeiro vice--presidente do Estado. Este fato aumenta sua influência em meio às turbas ignorantes, supersticiosas e fanáticas; e as misérias e os males lamentados aumentam (...).

Em um relatório escrito mais de um ano depois, em 16/11/1915, o mesmo Núncio escreve:

Enviei o ano passado uma última Relação, reunindo conjuntamente todos os elementos passados e presentes que dizem respeito a este triste e famigerado sacerdote, que deve responder ao Senhor pelos muitos danos, muitíssimas desgraças, espirituais e temporais, e inumeráveis escândalos, dos quais ele é o responsável direto. (...)

Como veremos mais tarde, a questão do Padre Cícero voltou à tona em 1916, pela intervenção do sucessor de Dom Joaquim, Dom Manoel da Silva Gomes, e não pelo primeiro Bispo de Crato, Dom Quintino, que, ao contrário, procurava uma reaproximação pacífica com seu antigo confessor.

Caro leitor, não lhe é difícil perceber que, pessoalmente, não vejo o Doutor Floro com grande simpatia. Mas, para diversos historiadores com quem conversei, ele foi, na história de Juazeiro e do Padre Cícero, um "mal necessário". Graças a ele, Juazeiro não foi arrasado pelo governo de Franco Rabelo, como foi o caso de Canudos e da comunidade de Antonio Conselheiro, em 1896-1897. Mais uma vez, os sinais e desígnios de Deus são misteriosos.

O Padre Cícero escreve ao seu amigo, José Lobo, em 25 de março de 1914, e desabafa sua tristeza e angústia, após o fim da guerra. É um documento tão esclarecedor! Não resisto à vontade de oferecer-lhe agora:

Meu caro e bom amigo Cel. José Lobo.

Aproveito a ocasião da carta a Mariana de sua casa para escrever-lhe e a D. Maninha.

Nunca pensei que o Demônio mandasse e conseguisse que o Governo Franco Rabelo e sequazes declarasse guerra civil ao Ceará e declarasse exterminar o Juazeiro e ameaçar-me, cortando-me a cabeça, e fazer um massacre completo e geral no Juazeiro. Houve verdadeiros martírios nos arredores do Crato, do Juazeiro, Barbalha e por todo o Cariri. Oficiais soldados tinham satisfação de se gabarem dos pobrezinhos inermes romeiros que sangraram barbaramente. Eram verdadeiros luscos pagãos. Eram horrores!

Deus armou os braços dos romeiros, os fez leões, submeteram todo Estado e obrigaram o Rabelo a retirar-se e deixar o Ceará. A Fortaleza aterrada, com o Juazeiro cercando a cidade, exigiu que deixasse o governo.

Foi Deus e Nossa Senhora das Dores quem tudo fizeram. Que barbaria, meu velho amigo, decretar degolar-me e reduzir o Juazeiro a cinzas.

Está restabelecida a paz. Quando você e Maninha quiserem, podem voltar para o nosso Juazeiro, que está voltando à vida passada, de romeiros, de trabalho e de oração. O Juazeiro é de Nossa Senhora das Dores e de Deus. No futuro dos tempos o Juazeiro, Deus o quer, será uma cidade santa e uma grande cidade, porque Deus, que é o dono de tudo, assim fará para a salvação das almas.

Aqui está sempre o seu amigo velho e parente.

A Santíssima Virgem lhe abençoe, como a Maninha, a Raimunda e Maria e todos os seus.

De seu amigo velho e parente,

Padre Cícero Romão Batista

Carta riquíssima! Você percebeu certamente a coragem "mística" que transformou os "pobrezinhos" romeiros em "leões", pela força de Deus? Lembro-me das "guerras santas" do Antigo Testamento.[10] E você reparou na visão profética do Padre Cícero em relação ao Juazeiro? Incrível, não? E como, enfim, ele descreve a situação "normal" da cidade: "romeiros, trabalho e oração" antes e depois desta cruel guerra? Aquele sonho, com a ordem

---

[10] Ver, por exemplo, os Salmos 94(93) e 140(141): acredito que os romeiros viveram a luta contra os soldados de Franco Rabelo como uma guerra santa, para salvar "Juazeiro", a Jerusalém dos pobres do Nordeste, e Padre Cícero, seu patriarca.

do Coração de Jesus, volta sempre, na vida do padrinho: "E você, Cícero, tome conta deles".

Sim, meus amigos historiadores têm razão: Floro Bartolomeu foi um "mal necessário" para salvar Juazeiro e o Padre Cícero. Mas, não posso negar que, em minha peregrinação em busca do "livro da vida" do Padre Cícero, quando chego à página da "guerra de 14", sempre sinto a influência do Floro Bartolomeu como uma espinha entrando no meu pé. Será que esse "mal foi realmente necessário"? Não podemos mudar a história. O caminho foi este! É preciso aguentar a espinha no pé, assim como o padrinho dos pobres sofreu "na carne" essa luta fratricida.

Percebemos o quanto Padre Cícero não se sentia à vontade na política partidária. Depois da vitória de 1914, deixou de exercer de fato sua missão de prefeito, que entregou nas mãos de Floro Bartolomeu.

Na ocasião da morte do Doutor Floro, dia 8 de março de 1926, Padre Cícero escreve a um amigo:

> Como deve saber, em face da minha condição de sacerdote, em face da minha afastada vida que levo e em face da minha idade, não é possível cuidar pessoalmente da administração do município e estar, constantemente, preocupado com a solução de muitos casos de toda ordem que impõem a chefia política. De tudo isto, portanto, era encarregado o Dr. Floro.

Se o Padre Cícero não se sentia bem como político partidário, ele teve, entretanto, atuações importantes como "homem público". Veja o que escreve o jornalista Reis Vidal:[11]

---

[11] REIS, Vidal. *Padre Cícero*. Rio de Janeiro, 1936, p. 47-50.

(...) Isolado da vida trepidante das metrópoles, entregue com devotada atenção aos estudos gerais e, sobretudo, ao das reformas políticas operadas no século, o patriarca do Juazeiro, comunicando-se com o resto do país apenas pelo telégrafo, tornou-se uma espécie de oráculo, constantemente consultado pelas personalidades mais destacadas do regime (...) Bem se vê que a sua conduta política sempre foi norteada pela mesma sinceridade da sua fé apostólica.

Interessante é notar que, mesmo nomeado 1º vice-presidente do Ceará (1914), ou deputado federal (1926) em lugar do falecido Doutor Floro Bartolomeu, Padre Cícero nunca saiu de Juazeiro para exercer essas funções, mais "decorativas" do que concretas; o que não significa que ele não as usou, às vezes, para conseguir benefícios em favor do povo do Nordeste ou da paz entre os estados.

Mas será que é verdade que Padre Cícero foi o protetor dos cangaceiros, especialmente de Lampião? Sem entrar em detalhes, preciso apresentar a minha compreensão sobre esse tema que maculou muito a reputação do padrinho pelos seus inimigos.

Por que Lampião tinha tanto respeito ao Padre Cícero? O próprio cangaceiro deu resposta numa entrevista a Otacílio Macedo, que foi publicada no jornal *O Ceará*:

> Respeitei o Ceará, porque é o Estado do Padre Cícero. Como deve saber, tenho a maior veneração por este santo sacerdote, porque ele é o protetor dos humildes e dos infelizes e, sobretudo, porque, há muitos anos, protege as minhas irmãs, que moram no Juazeiro. Tem sido para com elas um verdadeiro pai!

Mas será que é verdade que Padre Cícero mandou chamar Lampião e seu bando para lutar contra a Coluna Prestes?[12] Não! No seu livro, Amália Xavier afirma:

> Lampião foi convidado a Juazeiro pelo Dr. Floro Bartolomeu, a pedido do Presidente da República, Dr. Artur Bernardes. O Governo tinha pedido antes o auxílio do Pe. Cícero, mas ele negou peremptoriamente, dizendo repugnar-lhe ao coração de sacerdote concorrer para derramamento de sangue, numa luta fratricida.

Quem deu a patente de capitão a Lampião? Deixo o pesquisador Daniel Walker apresentar as conclusões de sua pesquisa sobre esse assunto:

> Dr. Floro não pôde receber Lampião e seu bando, pois já se encontrava no Rio de Janeiro, para onde fora doente, chegando a falecer, coincidentemente, na época em que o famoso cangaceiro visitou Juazeiro. Como insistia em receber a patente de capitão prometida por Dr. Floro, um dos secretários de Padre Cícero (Benjamim Abraão) convenceu Dr. Pedro de Albuquerque Uchoa, único funcionário público federal residente em Juazeiro, a assinar um documento por eles mesmos forjado, concedendo a famigerada patente, que tantos aborrecimentos trouxeram ao Padre Cícero, a quem muitos escritores atribuem a autoria.
>
> A verdade é que, mais tarde, Dr. Uchoa foi chamado a Recife para se explicar junto às Forças Armadas sobre a concessão da patente, e ele, naturalmente, temendo uma punição, não encontrou outra

---

[12] A Coluna Prestes foi um movimento liderado por militares que faziam oposição à República Velha e às classes dominantes na época. Teve início em abril de 1925, no governo de Artur Bernardes (1922-1926).

solução senão atribuir tudo ao Padre Cícero, certo de que ninguém seria capaz de repreender aquele virtuoso e respeitado sacerdote. Quem conhece a índole do Padre Cícero sabe perfeitamente que ele seria incapaz de praticar ato tão abjeto.[13]

Mas qual foi a atitude do Padre Cícero em relação à Coluna Prestes? Nos arquivos do sacerdote, há uma carta enviada por ele bem reveladora. O documento é longo. Vou apenas apresentar alguns trechos:

Caros patrícios,

Venho vos convidar à rendição.

Faço-o firmado na convicção de que presto serviço à pátria, por cuja grandeza também deve palpitar os vossos corações de patriotas.

Acredito que já não nutris esperanças na vitória da causa pela qual, há tanto tempo, pelejais, com excepcional bravura. É tempo, portanto, de retrocederdes no árduo caminho por que seguis e que, agora, tudo está a indicar vos vai conduzindo a inevitável abismo. Isto, sinceramente, enche-me a alma de sacerdote católica e brasileiro de intraduzíveis apreensões, dominando-a de indefinível tristeza.

Reflexo do meu grande amor ao Brasil, esta tristeza, assevero-vos firmemente, é uma resultante do conhecimento que tenho dos inauditos sacrifícios que estais impondo à nação, entre os quais incluo, com notável relevo, o vosso próprio sacrifício e dos muitos companheiros que são vossos aliados, na expectativa de resultados, hoje, provadamente impossíveis. (...) Lembrai-vos de que são moços educados, valentes soldados do Brasil, impulsionados

---

[13] WALKER, Daniel. *Pequena bibliografia do Padre Cícero*. 5. ed. ampliada. Juazeiro do Norte, 1999.

neste vosso corajoso tentame por um ideal, irrefletido embora, e que, entretanto, estais passando, perante a maioria dos vossos compatriotas, por celerados comuns, já se vos tendo comparado, na imprensa das capitais, aos mais perigosos facínoras do Nordeste. (...) É, pois, em nome destes motivos superiores e porque reconheço o valor pessoal de muitos dos moços que dirigem esta malfadada revolução, que ouso vos convidar e a todos os nossos companheiros a depordes as armas. Prometo-vos, em retribuição à atenção que derdes a este meu convite, todas as garantias legais e bem assim me comprometo a ser advogado das vossas pessoas perante os poderes constitucionais da República, em cuja patriótica complacência muito confio e deveis confiar também. Deus queira inspirar a vossa resolução, que aguardo com ansiedade e confiança (...) (20/02/1926).

O que se pode perceber nessa mensagem aos revolucionários da Coluna Prestes?

Vi uma vez, na televisão, o trecho de uma entrevista feita com a filha de Carlos Prestes. Ela mesma afirmou que seu pai, recebendo a carta, confessou que o Padre Cícero foi o único cidadão a mandar tal recado, convidando à rendição, mas com respeito e mesmo consideração. De novo, caro leitor, tal correspondência revela bem a mansidão do Padrinho, seu desejo de prestar serviço para alcançar a paz. Nas entrelinhas, pode-se reconhecer, de um lado, sua posição de obediência em relação à ordem estabelecida, mas, ao mesmo tempo, o reconhecimento dos ideais daqueles que queriam mudar o Brasil para melhor, propondo até de ser seu advogado junto aos poderes constitucionais.

Antes de terminar este "capítulo pesado" da história do Padre Cícero em sua missão política, quero lhe oferecer um copo de água cristalina, que lhe vai refrescar a alma e animá-lo para continuar nossa caminhada.

Ao ler um livro que nosso amigo e pesquisador António Renato Soares de Casimiro nos passou,[14] descobri o relato de uma entrevista concedida numa rádio pelo médico Manuel Belém de Figueiredo, com o seguinte testemunho:

> Certo dia, estávamos, eu e o Padre Cícero, a sós numa sala de sua residência, aonde me tinham chamado para efetuar nele um curativo. Dada a velha confiança existente entre nós, aproveitei tão boa oportunidade para perguntar-lhe por que permitia que viessem à sombra dele e em sua mesa frequentemente se sentassem determinados indivíduos geralmente tidos como incursos em crimes e outros desvios morais. A isto me respondeu textualmente: "Meu amiguinho, a virtude está em suportar os maus. Os bons já são suportáveis por natureza". E continuou dizendo: "Aproveito a presença de gente assim para uma doutrinação que diariamente faço com eles. Alguns se têm regenerado e hoje são fazendeiros, criadores e pais de família honrados e uteis à sociedade".

Como não nos lembrar, caro leitor, do exemplo de Jesus, desprezado pelos fariseus porque comia na mesa dos publicanos e pecadores? Durante toda sua vida, o Padre Cícero imitou o Mestre e, mais de uma vez, afirmou: "Em busca dos pecadores é

---

[14] DELGADO, José de Medeiro; SUCUPIRA, Luis; SOBREIRA, Azarias. *Memorial da Celebração do Centenário da Ordenação Sacerdotal do Padre Cícero Romão Batista*. Fortaleza: A Fortaleza, 1970. p. 25.

que devemos andar, e estes é que precisam de misericórdia". No capítulo "As virtudes heroicas do Padre Cícero", desta primeira parte, você vai descobrir o quanto acolher e se aproximar dos "pecadores ditos públicos" é uma opção ao mesmo tempo "perigosa" para nossa reputação e profundamente "evangélica", na linha tão atual do Papa Francisco, que nos convida a ser Igreja "em saída", a qual não tem medo de se "sujar", indo "no meio daqueles que não frequentam templos e a quem a sociedade 'farisaica' rejeita e despreza". Será que você vai ter paciência para não pular o próximo capítulo e "espiar" logo o seguinte, a fim de saber do quê estou falando? Espero que sim! Vamos dar tempo ao tempo! Correr nos faz perder o melhor do caminho!

Padre Cícero e a nova Diocese do Crato

Até o fim de sua vida, Padre Cícero ficou cada vez mais desejoso de recuperar o uso pleno do sacerdócio. Em 1914, o Papa Bento XV criou a nova Diocese de Crato, e não do Juazeiro, como o Padre Cícero tão desejava. Dom Quintino que, quando jovem padre, tinha escolhido o Padre Cícero como seu confessor e conselheiro, exigiu do sacerdote uma série de restrições: proibição de receber romeiros em sua casa, de dar a bênção, benzer artigos religiosos ou batizar crianças, mesmo em perigo de morte etc.

Padre Cícero submeteu-se a tudo e o bispo devolveu-lhe a licença de celebrar a missa na Igreja de Nossa Senhora das Dores, a partir de 1º de janeiro de 1917. O padre participava até dos retiros do clero e tudo parecia acalmar-se na nova Diocese do Crato. O Padre Pedro Esmeraldo da Silva foi nomeado vigário da nova paróquia.

Em 28 de dezembro de 1916, Dom Quintino fez sua primeira visita pastoral à Paróquia de Juazeiro: foi recebido com entusiasmo pelo povo e por Padre Cícero, que expressou num discurso seu pensamento:

> Sinto-me plenamente satisfeito com a visita de V. Exa. a esta terra, porque só assim, em uma demonstração pública e sincera, por in-

termédio desta população que me ouve, poderia eu testemunhar a V. Exa. que os laços de estima que nos uniam quando aqui chegou, como simples padre, ainda permanecem em toda sua integridade (...).

Nesse contexto onde tudo parecia se acalmar, uma nova "bomba" chegou de Roma!

Enquanto o primeiro Bispo da Diocese de Crato conseguia reaproximações com o povo de Juazeiro e o apoio do Padre Cícero, chegou a notícia surpreendente da excomunhão do Padrinho. Como vimos no capítulo anterior, essa condenação foi a resposta às queixas de Dom Manoel, em 1914, e que chegou de Roma somente em 1916.

Como não tinha feito nenhum pedido nesse sentido, e com bastante surpresa, o Bispo de Crato recebeu de Roma, por intermédio do Núncio Apostólico, o decreto de excomunhão do Padre Cícero, no dia 14 de abril de 1917, mas o engavetou e nunca o aplicou. Segundo o Arcebispo de Fortaleza, Dom Delgado, foi por inspiração do Espírito Santo que esse decreto nunca foi aplicado nem chegou ao conhecimento do Padre Cícero. Em 1922, Dom Quintino tomou a iniciativa de escrever ao Santo Padre, justificando a não aplicação da sentença e pedindo a reabilitação do Padre Cícero e o uso de seu sacerdócio. Assim termina a carta de Dom Quintino:

O mesmo suplicante pede permissão para manifestar o seu parecer a fim de que não seja executada a publicação do mandado, e exprime seus votos e desejos de que, pelo bem da paz, seja o Pe. Cícero Romão Batista absolvido das censuras em que incorreu e lhe seja concedida a faculdade de celebrar a Santa Missa também em Juazeiro, suposta a cláusula especial de observar fielmente as declarações por ele emitidas.

O Bispo de Crato foi parcialmente atendido: o mandado de excomunhão foi cancelado, mas o Padre Cícero foi "reduzido ao estado laico". Ele terminou seus últimos anos de vida como bom católico, ajoelhado silenciosamente nos bancos dos fiéis leigos, recebendo os sacramentos de Penitência, da Eucaristia e, por fim, da Unção dos Enfermos. Aos romeiros, recomendava fidelidade à Igreja Católica Apostólica Romana, ele que poderia ter sido o responsável por um cisma na Igreja e ser seguido por milhões de nordestinos e brasileiros, pela sua imensa influência espiritual e moral em meio ao povo. Sempre pedia aos romeiros para não defendê-lo junto à Igreja, afirmando que, "um dia, ela própria me fará justiça!".

Fico imaginando como teria sido esse fim de existência, se o Papa Leão XIII tivesse respondido positivamente ao pedido de Dom Quintino, reabilitando o Padre Cícero e devolvendo-lhe a licença de celebrar a missa em Juazeiro desde 1917, "pelo bem da paz". Como teria mudado o rumo do "livro da vida" do Padrinho dos pobres! Como teriam sido diferentes os mais de oitenta anos de confusões e tensões que nos separam hoje de seu falecimento! Tantas tentativas infrutíferas de pedidos de reabilitação teriam sido evitadas, como também tantos problemas e incompreensões entre a Igreja do Brasil e as romarias a Juazeiro! Fico imaginando, caro leitor! Mas, infelizmente, o Papa não acatou o pedido que o primeiro Bispo da Diocese de Crato fez, em 1917, "pelo bem da paz", e o Padre Cícero morreu suspenso de Ordens.

Mesmo com a feliz decisão de Dom Quintino de não excomungar o Padre Cícero, novas provações esperavam o velho sacerdote: aconteceram alguns incidentes que poderiam ser insignificantes, mas tomaram proporções quase dramáticas!

Em 1921, por exemplo, uma das torres da Igreja estava abalada e precisava ser demolida. Um grupo de homens interpretou o fato como se o pároco quisesse derrubar a Igreja construída pelo Padre Cícero. Fizeram tantas manifestações contra o vigário, que este decidiu deixar o Juazeiro.

Caro leitor: veja como continuava a existir no subconsciente coletivo certa prevenção do povo contra a hierarquia. E Padre Cícero, sempre, era considerado culpado por não conseguir controlar esses movimentos populares. Ele foi, de novo, proibido de celebrar a missa na Igreja de Juazeiro.

Após manifestação de desagravo ao bispo, pelo desacato que sofreu Padre Pedro Esmeraldo, e a destruição da torre, Padre Macedo foi nomeado segundo vigário da Paróquia de Nossa Senhora das Dores.

Infelizmente, mais provações esperavam o Padre Cícero. Dia 6 de janeiro de 1925, o Doutor Floro Bartolomeu entrou em atrito com o pároco: Floro queria organizar jogos de azar na praça, durante as festas natalinas. Brigou feio com o pároco, que não aceitava tal profanação. Padre Cícero tentou, em vão, acalmar os ânimos. Em represália, Monsenhor Macedo deu sua demissão como pároco e saiu de Juazeiro.

A sua morte, no dia 20 de julho de 1934, foi a de um justo: recebeu o sacramento dos doentes, e suas últimas palavras foram: "No Céu, rezarei para cada um de vocês".

A fidelidade dos pobres é impressionante: em cada dia 20, por exemplo, a multidão dos romeiros e moradores de Juazeiro chegam em silêncio, rezando o terço, e enchem a Praça da Capela de Nossa Senhora do Perpétuo Socorro, onde o padre está sepultado. São mais de oitenta e cinco anos de fidelidade e é emocionante perceber que mais da metade, ainda hoje, veste o luto, em memória de seu falecimento. A missa é celebrada no maior recolhimento e na alegria dos cantos e dos benditos. Muitos deles continuam rezando diariamente o rosário da Mãe de Deus e o colocam no pescoço como sinal de sua fé. A uma romeira a quem foi perguntado: "Quem é o Padre Cícero, para a senhora", respondeu:

(...) Meu padrinho já fez tanto milagre no mundo, tanta gente já se agraciou com os milagres dele (...) Ele é um santo merecedor, mas ele não pode entrar nas igrejas junto com os outros santos. Ele é um santo que fica no sol. Olhe, meu padrinho é santo, mas eles não consideram.

Outro romeiro nos afirmava:

Padre Cícero era tão unido a Jesus, como a lâmpada e a energia: a lâmpada sem energia não vale nada! Mas, com a energia, a gente nem percebe mais nem a lâmpada: era assim com meu Padrinho Cícero: quando ele falava, quando ele agia, parecia o próprio Jesus que agia nele.

Como não se lembrar das palavras de São Paulo: "Não sou mais eu que vivo, é o Cristo que vive em mim!".

Seremos julgados sobre o amor! "O povo consagrou Padre Cícero porque ele antes entregara a sua vida aos pobres. Amou sinceramente os pobres. Foi incansável defensor dos pobres".[1] Juazeiro foi-se tornando o refúgio dos "degredados filhos da terra", o oásis de milhares de romeiros que buscavam alívio para seus sofrimentos e opressão.

Terminando este capítulo, como não me lembrar das próprias palavras do Papa Francisco: "Prefiro uma Igreja acidentada, ferida e enlameada por ter saído pelas estradas, a uma Igreja enferma pelo fechamento e a comodidade de se agarrar às próprias seguranças".

O Padre Cícero, com certeza, preferiu optar por caminhos acidentados, até perigosos. Ele foi mal interpretado por muitos de seus colegas no sacerdócio e pela maior parte da hierarquia. Foi ferido e enlameado por obedecer à ordem de Jesus, que ele tomou a sério nos primeiros anos de seu sacerdócio: "Você, Padre Cícero, tome conta deles". Condenado pela sua própria Igreja que ele amava tanto, mártir da disciplina, como veremos no próximo capítulo, Cícero conduziu e ainda conduz o rebanho dos refugiados, dos romeiros no caminho de Jesus, na fidelidade a sua Igreja, à sombra da Mãe das Dores. Eles vêm buscar o perdão, a reconciliação, a força de continuar o caminho pedregoso da vida, sedentos de Palavra de Deus e do Pão da Vida.

Caro leitor, estou lhe expondo passo a passo meu ponto de vista sobre a vida do Padre Cícero, o sonhador e fundador da cidade de Juazeiro do Norte, uma das "joias-relíquias" da cul-

---

[1] COMBLIN, José. *Padre Cícero de Juazeiro*. São Paulo: Paulus, 2011, p. 41.

tura popular nordestina, que nunca poderia perder-se ao longo do tempo e cuja originalidade precisa ser preservada e valorizada para as gerações presentes e futuras.

Mas quero terminar este capítulo contando um fato surpreendente pela sua simplicidade, mas muito revelador da personalidade do Padre Cícero. Aconteceu com o Padre Azarias Sobreira, numa visita que fez ao velho padrinho de 82 anos.[2] Vamos subir com eles para participar da refeição?

> Ao ouvir o chamado para o almoço, [Padre Cícero] instou comigo para subir, em sua companhia, a escada do modesto mirante que fizera construir ao lado e onde pudéssemos ficar à vontade até as dezoito horas. (...) Enquanto almoçávamos no mirante, um velho conhecido subiu até lá e acabou participando daquela ágape. E aconteceu ainda um episódio que jamais esqueci. É que entre mim e o recém-chegado, depois de ter subido à mesa, passou um ratinho arisco que se dirigiu diretamente para o prato do Padre Cícero. E ali trepado sem a menor cerimônia, comeu de tudo que o sorridente velhinho lhe ia apresentando com a ponta do garfo. Uma vez saciado, o inocente animalzinho se foi embora com o mesmo desembaraço, sem que nenhum dos presentes desse mostra de admiração, como se aquilo fosse a coisa mais natural do mundo.

Deixo você na surpresa de uma cena dessas, prezado leitor! Entramos juntos na casa do padrinho, subindo com ele no mirante! Dava para imaginar o que íamos descobrir? Para mim, foi surpresa e alegria. Já pensou na bondade do Padre Cícero e no prazer que ele tinha de repartir a comida, até com um ratinho,

---

[2] In: *O Patriarca de Juazeiro*. 3. ed. Fortaleza: UFC, 2011, p. 68-69.

como se fosse a coisa mais natural do mundo?! Eis o Padre Cícero que aprendi a amar e admirar na simplicidade de seus gestos de carinho, apesar de uma vida tão sofrida e tão complicada. Para mim, essa cena é profundamente reveladora de sua personalidade, de seu jeito de tratar o próximo, até mesmo um ratinho temeroso e guloso. Surpreendente nosso padrinho, não é mesmo?

Ao escrever, meu desejo era que você pudesse conhecer o Padre Cícero como se estivesse vivendo junto dele durante vários dias, percebendo suas alegrias, seus sofrimentos, suas dúvidas, seus erros e acertos. Será que eu consegui alcançar esse intento?

Virtudes heroicas do Padre Cícero?

Nesta nova edição, amigo leitor, queria conversar mais um pouco com você! Tenho ainda algo a partilhar e aprofundar. Com aqueles que aceitam me acompanhar mais um pouco, vamos nos sentar num local isolado, diante de um horizonte infinito, no pôr do sol, procurando enxergar na penumbra algo mais sobre a espiritualidade e as eventuais virtudes heroicas do Padre Cícero. Seria temerário pretender sondar o mistério escondido na vida do Padrinho! Só Deus nos conhece totalmente, como canta o salmista: "YHWH, tu me sondas e conheces (...) de longe, penetras meus pensamentos" (Salmo 139). Meu convite é vivermos juntos um momento de recolhimento, com a ajuda do saudoso Arcebispo de Fortaleza, Dom José de Medeiro Delgado (1963-1973), que foi pesquisador e grande admirador do Padrinho. Tivemos o privilégio de conversar longamente com ele no seu refúgio em Recife, em 1980.[1]

---

[1] Dom Delgado foi, como Dom Helder Camara e alguns outros Bispos da América Latina, profundamente impregnado pelo Concílio Vaticano II, do qual participou ativamente. Assinou com eles o "Pacto das Catacumbas", comprometendo-se, entre outras coisas, a viver pobre, sair do "palácio episcopal" e fazer sua opção profética e preferencial pelos pobres.

Você sabe certamente que, antes de declarar oficialmente a santidade do um discípulo de Cristo, a Igreja analisa cuidadosamente suas "virtudes heroicas".[2] Se você tem alguma admiração por Padre Cícero, certamente reconheceu nele certas virtudes: bondade, misericórdia, caridade, perdão, fidelidade... Mas Dom José de Medeiro Delgado, como Bispo de Fortaleza, foi mais longe, afirmando que Padre Cícero podia ser considerado "Mártir da disciplina".[3]

Há cerca de cinquenta anos, preparando a festa do *centenário* da ordenação sacerdotal do Padre Cícero, Dom Delgado lançou a proposta aos estudiosos de aprofundar mais a *personalidade humana e religiosa* desse sacerdote. E o Arcebispo de Fortaleza deu o pontapé com seu livrinho *Padre Cícero, mártir da disciplina*. Essa publicação foi criticada por muita gente naquela época! O próprio Padre Azarias Sobreira a considerava prematura, achando que o Bispo deveria esperar "mais maturidade dos espíritos" para publicar esse seu ponto de vista. Ao que Dom Delgado res-

---

[2] Virtudes heroicas, ou simplesmente virtude heroica, é a designação canônica dada ao conjunto de requisitos de exemplaridade de vida que devem ser demonstrados para que se inicie o processo formal de canonização na Igreja Católica Romana e em outras confissões cristãs. A demonstração da existência de virtude heroica é feita pela análise, *post mortem*, do comportamento e percurso de vida do candidato à santidade, tendo de ficar claro, e para além de qualquer dúvida, que em vida a conduta do candidato se pautou pela prática para além do comum das virtudes teologais e das virtudes cardeais.

[3] DELGADO, José Medeiro. *Padre Cícero, mártir da disciplina*. Fortaleza: A Fortaleza, 1970.

pondeu: "No meu modo de ver, maturidade é também tarefa de esforço contínuo e exige coragem, desprendimento e risco".[4]

Cinquenta anos se passaram: em 2020, festejamos os *150 anos* da ordenação sacerdotal do Padre Cícero. Não seria o momento ideal para avaliar agora se a análise de Dom Delgado continua prematura? Vamos juntos analisar suas afirmações, sempre baseados nos fatos históricos. Assim, poderemos concluir!

Padre Cícero, mártir da disciplina

O livro de Dom Delgado é muito interessante e corajoso: antes de abordar o tema central, ele justifica sua ousadia e apresenta o resumo do livro do Padre Jean Daniélou, que foi honrado pelo Papa com o título de Cardeal.[5] Na visão de Daniélou, só há

---

[4] Se você deseja conhecer melhor quem foi Dom Delgado, procure, por exemplo, na internet: José Ribamar Fernandes Brandão, "A verdade sobre Dom Delgado" (monografia).

[5] Esse grande teólogo participou como especialista no Concílio Vaticano II, a pedido direto do Papa João XXIII. O livro que Dom Delgado resume é: *Sobre o mistério da História* (Ed. Herder, 1964). Precisamos esclarecer algo sobre o Padre Jean Daniélou. Este sempre procurou imitar Jesus, com certa radicalidade, ajudando, entre outros, homossexuais (seu irmão era um deles), prostitutas e pessoas rejeitadas e desprezadas pela sociedade e pela Igreja. Segundo a Wikipédia, ele faleceu inesperadamente em 20 de maio de 1974, de ataque cardíaco, quando subia às escadas da casa de uma *strip-teaser* de 24 anos, Mimi Santoni. Padre Daniélou, naquele momento, tinha no bolso muito dinheiro, por isso existiram muitos rumores de que ele estava naquele lugar para usufruir de um serviço sexual, mas a versão da referida moça foi de que aquele dinheiro era uma ajuda do padre para pagar a saída da prisão do namorado dela. Tempos depois, descobriu-se que Padre Daniélou tinha, de fato, o hábito de ajudar discretamente, numa caridade evangélica, mulheres vivendo em condições de abandono. A figura dele foi reabilitada pelo Papa Bento XVI, seu amigo e colega teólogo. Veja

uma história, a Divina, a História da Salvação. Dom Delgado entra em sintonia com o autor, afirmando que "os fatos terrenos se entrelaçam com os celestes. Deus, que tudo criou, tudo solidariza, por mais difícil que nos parece, em certos e intrincados casos".

Depois da síntese do livro de Daniélou, Dom Delgado faz a seguinte proposta aos leitores: olhar a história de Juazeiro do Norte e do Padre Cícero nesse prisma da História Única de Salvação! Ele escreve:[6]

> A presença divina aqui e ali se apresenta num acontecimento, numa pobre alma humana, nas duras dobras de tragédias e de dramas dolorosos, falando-nos ao coração, iluminando-nos a inteligência e obrigando-nos a refletir. (...) O estudo do Cardeal Daniélou poderá ajudar-nos a vê-lo claro, se nos examinarmos humildemente. Permitir-nos descobrir a mão divina em meio às trevas de dolorosas páginas da História do Nordeste brasileiro, que tanto amamos. Interessado em penetrar, um pouco menos superficialmente, no lado salvífico da história de Juazeiro e do Padre Cícero, quero oferecer aos que possam contribuir com inteligência e coração, para tal fim, ocasião de estudar com fé quanto se encontra de positivo naquele rincão e naquela singular figura de sacerdote, cuja ordena-

---

como é perigoso aplicar cegamente a sentença: "Me diga com quem andas e eu lhe direi quem tu és"! Como não nos lembrar das críticas e das condenações que Padre Cícero ainda sofre por "pessoas de bem", porque recebia a sua mesa gente de reputação duvidosa e atendeu Lampião que chegou a Juazeiro, pensando responder a um chamado do Padrinho (chamado que, na realidade foi feito por Floro Bartolomeu, usando o nome do Padre Cícero), sem logo mandar prender o cangaceiro!

[6] DELGADO, *Padre Cícero, mártir da disciplina*, op. cit., p. 47-50.

ção se aproxima do primeiro centenário a ser celebrado pelo velho seminário da Prainha.

Num estudo modesto, mas sincero, voltado para a pessoa do homem "vontadoso" e humilde, forte e a seu modo obediente, esmagado e manso, que outros apelidam dúplice e calculista, fraco e rebelde, obcecado e rancoroso, denominei-o mártir da disciplina, procurando descobrir luz, em vez de trevas, na sua passagem pela Igreja nordestina.

Não pretendo obscurecer falhas, que na verdade cometeu. Veja-as, porém, dentro do conjunto de situações invencíveis. Empobrecido pela ausência da solidariedade eclesial, cercado de influências perniciosas da política arbitrária de então, sua pessoa se me afigura mais luminosa do que a muitos poderá parecer. (...) Peço a todos compreensão e justiça, fé e amor, pensando muito mais na sorte dos sertanejos nordestinos, merecedores de máxima atenção da parte dos pastores de hoje. (...) Se bem consideramos Juazeiro à luz da doutrina acerca da penitência acima citada,[7] de acordo com os ensinamentos do Cardeal Daniélou, encontraremos, na certa, explicação para muitos dos seus paradoxos. Estes aparecerão qual moldura de penitência admirável, do mártir da disciplina que foi o Padre Cícero.

Padre Cícero, com efeito, foi um "violento chamado" de Deus. (...) A "passagem de Deus" pela sua vida e pela sua terra não terá sido infrutífera. Procure-se com espírito de fé, e poderemos identificá-los. (...) Faz-se mister integrar o Padre Cícero e Juazeiro no contexto da História da Salvação.

(...) Posso estar enganado, em vez de profeta, podem apelidar-me de impostor. Entre pessoas digníssimas há quem tenha advertido dos perigos de incompreensão a que me exponho. Não me dete-

---

[7] Ele se refere ao seu resumo do livro de Daniélou.

nho. Irei adiante. Receberei com amor todas as pedradas dos igualmente apaixonados. Estou eu mesmo apaixonado pelo assunto e mereço o respeito que dispenso aos que pensam de outra maneira. (...)

Caro leitor, era preciso oferecer esse espaço a Dom Delgado para podermos segui-lo na análise que fez da personalidade do Padre Cícero. Ele desejou convidar seus leitores a "redescobrir o que Juazeiro e Padre Cícero podem representar na *História da Salvação*, em nossos sertões nordestinos". Ele recebeu de fato muitas críticas e pedradas, mas, na sua vocação que considero profética, não desistiu! Obrigada, Dom Delgado!

Muitos devotos do Padre Cícero têm essa visão de *unicidade da história da Salvação*, mais do que certos teólogos e historiadores. Lembro-me da afirmação de um deles,[8] expressa numa linguagem simbólica e popular, rica de sentidos:

O povo deste Brasil (o Nordeste) está sempre em peregrinação. Quando vim a Juazeiro, havia gente de Alagoas, de Pernambuco, da Paraíba, do Rio Grande do Norte e de Rio de Janeiro. Agora, é assim: é a fé da pessoa que se lembra de seus antepassados, pois, antigamente, havia alguns homens que eram conselheiros e a gente fica com essa recordação desses velhos do Velho Testamento, de Abraão, Isaac, Jacó, Tobias, que eram homens valorosos, que davam conselhos e opiniões àqueles que queriam seguir o bom caminho (da Salvação). Parece que o homem que não confia em Jesus

---

[8] GUIMARÃES, Ana Teresa; DUMOULIN, Annette. Padre Cícero: o Patriarca e Padrinho conselheiro. *Estudos Bíblicos*, Petrópolis: Vozes, n. 37, p. 48-56, 1993. "Conselheiros e conselheiras – Bíblia e tradição popular".

Cristo, não confia em mais nada. Somos cristãos, somos batizados e precisamos buscar o caminho mais seguro... O meu Padrinho Ciço mostra esse caminho pra gente.

Padre Azarias Sobreira confirma essa visão, quando afirma: "A autoridade do Padre Cícero é legendária e o povo lhe obedece como a um pai dos tempos bíblicos".[9]

Pessoalmente, após mais de quarenta anos de estudos e de contato com os romeiros, posso afirmar que, para muitos deles, Deus é realmente o Deus de Abraão, de Isaac, de Jacó... e do Padre Cícero! Deus faz uma aliança eterna com seu povo pela mediação desses "antepassados", profetas, conselheiros, orientadores, até o dia de hoje. Assim Ele falou, e Padre Cícero traduziu sua mensagem numa linguagem nordestina, compreensível, como nos explica Mestre Noza, artesão de Juazeiro: "Jesus não veio ao Brasil, porque, quando ele veio ao mundo, o Brasil não tinha sido descoberto. Jesus não falava nossa língua. Então, ele enviou Padre Cícero para exercer as suas funções e falar em nome dele".

Mas vamos voltar ao estudo de Dom Delgado, caro leitor! Convido você a continuar a leitura num clima de recolhimento, tendo sempre na mente esta afirmação do Cardeal Daniélou, retomada por Dom Delgado: existe uma "única *História da Salvação*" unindo o ontem, o hoje, o amanhã! Por isso, precisamos ler e integrar Juazeiro e Padre Cícero dentro dessa única história, como, aliás, a minha, a sua, as nossas vidas!

---

[9] SOBREIRA, Azarias. *O Patriarca de Juazeiro*. 3. ed. Fortaleza: UFC, 2011.

Para facilitar a leitura, apresento oito afirmações encontradas no artigo de Dom Delgado. Apresentarei uma síntese de cada uma, acompanhada de minhas reflexões pessoais. Com certeza, cada um de vocês fará também a própria avaliação, dentro desse clima de fé e de leitura bíblica da Salvação.

1. Mártir moral

Dom Delgado analisa as dificuldades que o jovem Cícero sofreu no Seminário da Prainha, dirigido pelos padres Lazaristas franceses, com formação muito rígida à época da romanização: "Padre Cícero, destinado por Deus para desempenhar um papel de evangelizador dos pobres sertanejos nordestinos, atravessou atordoantes reveses no Seminário, sem perder a própria personalidade, sem se desajustar, sem quebrar de sua fibra de apóstolo sertanejo."[10]

De fato, Cícero era considerado pelos seus professores um seminarista que não merecia ser ordenado, pois tinha "muitas ideias confusas e muita fé na sua própria razão".[11] Dom Delgado percebe nesses aparentes defeitos uma personalidade "sertaneja" que o tornará um Apóstolo do Nordeste.

---

[10] Segundo o documento do caderno da Prainha, foi Dom Delgado quem retirou a responsabilidade do Seminário dos Lazaristas para ali colocar padres brasileiros e diocesanos.

[11] DELGADO, *Padre Cícero, mártir da disciplina*, op. cit., p. 79.

2. Padre Cícero: um místico

Com 12 anos, Cícero fez voto de castidade, lendo a vida de São Francisco de Sales, consagrando desde já sua vida ao serviço do Reino de Deus.

O Arcebispo lembra ainda o sonho do jovem sacerdote com Jesus: "Cícero, toma conta deles".[12] É a razão que motivou o Padre a ficar até a morte em Juazeiro, por obediência a tal ordem de Jesus.

Para Dom Delgado, essa obediência à missão que Jesus lhe confiou pode ser considerada uma *virtude heroica*, suportando tantas incompreensões da parte de seus superiores, mas sem se afastar de Deus nem da Igreja. E Dom Delgado afirma: "Somente Deus lhe podia emprestar tamanha resistência moral na contradição".

Essa visão do Bispo confirma a leitura que fizemos anteriormente. Queria acrescentar o quanto essa *opção pelos pobres* fez o Padre Cícero voltar a Juazeiro, após sua viagem a Roma, contrariando a vontade do Bispo para ser fiel e obediente à ordem de Jesus. De fato, quando o Padre Cícero ficou sabendo da situação dramática em que se achava o povo de Juazeiro,[13] ele não hesitou em voltar para o meio dos pobres que Jesus lhe havia confiado. Em certas circunstâncias, sobretudo quando a vida do próximo

---

[12] Ibid., p. 87-88.

[13] Cf. a carta de Monsenhor Alexandrino.

está em perigo, é melhor obedecer a Deus do que aos homens, mesmo que sejam Bispos.[14] O próprio Catecismo nos ensina isso!

3. Padre Cícero e seu silêncio obsequioso em relação à "transformação da hóstia em sangue na boca de Maria de Araújo"

Dom Delgado não desmente a decisão de Roma, mas mostra que houve erros nas duas comissões que analisaram o fenômeno: segundo o Bispo, faltou à primeira comissão segurança teológica e senso científico, e à segunda comissão, apresentar "provas" de que se tratava de um fenômeno natural. "Padre Cícero guardou um silêncio heroico em obediência aos seus Bispos (...)". Dom Delgado chama esse comportamento de "virtude silenciosa" e "martírio interior".

O "silêncio obsequioso" do Padre Cícero é considerado heroico por Dom Delgado. Nosso Padrinho foi tão fiel que os romeiros aderiram com unanimidade a essa ordem de silêncio! Mas, nesse contexto, deixe-me confiar a profunda admiração que tenho por Padre Cícero por não ter aceitado seguir uma proposta de seu Bispo! Dom Joaquim queria que nosso Padrinho condenasse oficialmente a Beata Maria de Araújo como mentirosa e embusteira! Não quero adiantar a leitura que você vai fazer, lendo a segunda parte deste livro! Vou lhe deixar apenas curioso: mas quero lhe afirmar que a atitude de consciência do Padre Cícero em relação à Beata foi admirável e lhe custaram muitos sofri-

---

[14] É importante lembrar que a Congregação do Santo Ofício tinha apenas *aconselhado* e não obrigado o Padre Cícero a ir para outra Diocese. Essa orientação do Santo Ofício não satisfez Dom Joaquim Vieira, que considerava fundamental a saída do Padre Cícero de Juazeiro.

mentos até o fim de sua vida! Teria sido tão fácil colocar toda "culpa" na mulher! Ontem como hoje, é tão frequente e fácil usar o sistema de "delação premiada", revelando alguma verdade ou inventando alguma mentira para culpar alguém, dando eventual satisfação ao juiz, e assim ver a condenação do delator diminuída. Negar-se a condenar uma pessoa considerada em consciência como inocente pode ser chamado também, no meu entender, de uma "virtude silenciosa" e um "martírio interior".

4. Padre Cícero e sua devoção ao Sagrado Coração de Jesus

Dom Delgado lembra a grande devoção ao Coração de Jesus no Brasil à época do fenômeno da Beata Maria de Araújo. Ele escreve:

> Padre Cícero foi grande devoto do Coração de Jesus. Seu misticismo e seu célebre sonho ao iniciar o apostolado em Juazeiro, sonho no qual Jesus lhe falou da mágoa que os homens lhe vinham causando, marcaram a devoção em Juazeiro de um profundo anseio de reparação por amor (...) muitos sacerdotes foram esmagados com a severidade das medidas disciplinarias de Dom Joaquim e migraram para outras Dioceses. Padre Cícero resistiu e ficou. Sua resistência, em parte determinada por motivos humano-sentimentais, foi também animada por um espírito de justiça e piedade filial, e isso lhe aumentou o martírio.

Dom Delgado insiste mais uma vez sobre a fidelidade do Padrinho em permanecer em Juazeiro enquanto diversos padres, também condenados pelo Bispo de Fortaleza, optaram por migrar para outras Dioceses, o que pode ter sido para eles uma decisão razoável e sábia. Mas, para o Padre Cícero, essa opção de fuga era impossível, em razão da ordem que ele tinha recebido de Jesus de "tomar conta desse povo"! Mais uma vez, percebemos a fidelidade do Padre a sua missão específica em Juazeiro; missão que, até hoje, oferece ainda muitos bons frutos. Ora, não são pelos frutos que se pode deduzir a boa ou má qualidade de uma árvore?

Num artigo do Cônego e Teólogo José Wilson Fabrício da Silva,[15] lemos uma excelente análise da devoção do Padre Cícero ao Sagrado Coração de Jesus. Ela prolonga bem o pensamento de Dom Delgado. É por isso que lhe apresento um trecho desse estudo muito interessante:

> Em Padre Cícero encontramos um fundamento claro de uma visão *cristocêntrica* pautada na "teologia do Coração de Jesus". Assim, ele acreditou, se consagrou e propagou o culto pessoal e comunitário ao Coração Divino do Filho de Deus. Sendo assim, a devoção ao Sagrado Coração de Jesus reclama de quem a pratica uma vivência de santidade que se atualiza diariamente por meio de um oferecimento completo de si (seus pensamentos e obras). E a dedicação ao Sagrado Coração de Jesus, desenvolvida ao longo da vida da Igreja, chegada ao conhecimento do Padre Cícero é mais que uma devoção, é uma *espiritualidade*.

---

[15] O artigo é "O Coração de Jesus e a apostolicidade do Padre Cícero Romão Batista, filho da Diocese de Crato-CE", que pode ser encontrado na internet, e também, do mesmo autor, outro artigo: "Análise crítica sobre a Consagração composta pelo Padre Cícero a Nossa Senhora". O cônego José Wilson Fabrício da Silva, CRL (membro da Academia Marial de Aparecida), meu amigo, faleceu com 33 anos, em 2018. Ele queria tanto aprofundar comigo a dimensão mística, pastoral, do Padrinho!

Um dado intrigante que encontramos são os efeitos da consagração ao Coração do Salvador na vida do Padre Cícero, ligados diretamente às promessas feitas por Jesus a Santa Maria Margarida. (...) O Sagrado Coração passou a ser um refúgio, uma rocha protetora na vida do Padre, tal qual fora predito por Margarida Maria. A contemplação do coração de Deus fez do Vigário de Juazeiro um pastor que pegava suas ovelhas no colo e cuidava de suas feridas.

A experiência de um padre propagador da devoção ao Coração de Jesus provou na prática os efeitos que dela emana: "Darei aos sacerdotes consagrados ao meu Sagrado Coração a graça de alcançar até os corações mais endurecidos". De fato, Juazeiro se tornou um lugar de peregrinação dos pobres, onde Padre Cícero nunca despedia o povo sem o alimento (Mt 14,13-21), tanto espiritual quanto material. (...) O Coração de Jesus ensinou ao Padre Cícero que ser "amante" dele exigia uma vivência de uma espiritualidade traduzida em uma ternura do coração; em outras palavras, a vida do padre teria que ser transpassada pela prática constante da mística do afeto. Praticamente todos os ensinamentos do Padre Cícero, bem como sua espiritualidade, têm origem em suas experiências de vida, igualmente como São Francisco de Sales. Do abandono vêm a suprema serenidade e a paz características do Padre Cícero, que lutou para harmonizar uma alegria permanente e o esforço intenso para cumprir a Vontade de Deus. Impulsionada pelo Padre Cícero Romão Batista, a Cerimônia de entrega das Famílias ao Sagrado Coração de Jesus, mais conhecida como "Renovação", tornou-se tradição conservada por famílias do Nordeste. A renovação da consagração ao Sagrado Coração de Jesus simboliza o verdadeiro compromisso de fé da família em seguir o Evangelho, em obediência ao apelo de Jesus a Santa Margarida Maria Alacoque, dentro da vida da Igreja.

Às afirmações de Dom Delgado, o Cônego José Wilson acrescenta que Padre Cícero não foi apenas devoto e fiel ao chamado do Sagrado Coração de Jesus: este foi o centro de sua vida, de sua teologia e pregação. Padre Cícero procurou imitar o Coração de Jesus em toda sua existência!

5. Padre Cícero e a guerra de 1914

Dom Delgado afirma:

> O caso da revolução de Juazeiro de 1914 deverá ter sido uma das cruzes máximas do Padre Cícero. Crato ainda não tinha sido elevado a diocese. Juazeiro dependia até então do Bispo de Fortaleza, Dom Manoel Gomes (1912-1941). Tem-se mais ou menos como certo que ele pediu a excomunhão para o Padre Cícero (...) ameaçado de ver destruída a sua cidade e a sua vida (...) Padre Cícero admitiu o recurso das armas. (...) A dor que semelhantes desgraças causaram ao coração do amigo dos sertanejos é daquelas que não se pode imaginar. O martírio do Padre Cícero só não culminou ante esses fatos porque ele fizera tudo que estava em si para evitá-los e conter. (...) Tornou-se um verdadeiro varão de dores – o mártir que poucos souberam entender e respeitar. (...) Sua força e arrimo foi somente o Altíssimo.

Dom Delgado tinha razão: foi Dom Manoel Gomes quem pediu a excomunhão do Padre Cícero, pouco antes da criação da Diocese de Crato! E, como você sabe, graças à intervenção do primeiro Bispo de Crato, Dom Quintino, que essa excomunhão não foi aplicada. Ela foi, de fato, anulada pelo Papa. Mas Dom Quintino tinha pedido mais: que o sacerdote pudesse voltar a exercer seu ministério. Infelizmente, Roma não concordou com esse segundo pedido e "reduziu o Padre Cícero ao estado laico" até o fim de sua vida.

Como Dom Delgado teve sensibilidade para reconhecer o verdadeiro "martírio" do Padre Cícero em relação a essa guerra de 1914! O Bispo sabia que nosso Padrinho tinha tentado intervir em tudo que fosse possível para que aquela luta fratricida não acontecesse!

6. A esperança do Padre Cícero

Voltando de Roma, onde fora perdoado, Padre Cícero esperou a modificação de seus superiores brasileiros a seu respeito. Esperou que, um dia, seria compreendido, esforçando-se na obediência e no silêncio para não transgredir ordens, misturadas de promessas, ameaças veladas ou claras. Nada superou a coragem com que ele se comportou por iniciativa pessoal até à morte.

E Dom Delgado afirma: "Estou pessoalmente convencido de que o Padre Cícero foi um verdadeiro mártir da disciplina, com grande merecimento, infelizmente desconhecido a seu tempo". A esperança do Padre Cícero foi tal que sempre orientava os romeiros, afirmando: "Não se preocupem em me defender, meus amiguinhos! Um dia, a própria Igreja me fará justiça!".

7. A obediência do Padre Cícero

Há uma diferença entre a obediência de um animal e de um ser humano, afirma Dom Delgado. É que a consciência humana determina a resposta de obediência. Por isso, entre quem manda e quem deve obedecer é preciso diálogo, encontros e entendimentos, sem egoísmo ou orgulho. Se houve moderação do Bispo em certas circunstâncias, no caso de Maria de Araújo houve desencontros que atingiram alto nível de tensão. Eis as afirmações de Dom Delgado:

> No livro de dona Amália Xavier de Oliveira, pode-se perceber o Padre Cícero moralmente "crucificado", mas cumprindo os deveres humano-sociais de cada dia sem deixar transparecer a angústia que lhe enchia a alma e o coração, comunicando a todos força e serenidade, paz e alegria: o retrato de um ministro de Deus que soube dominar-se nas mínimas contradições: virtude oculta no mais íntimo do Padre Cícero!

É consolador ler esta afirmação de Dom Delgado! Ele sabe que a consciência humana esclarecida deve orientar o rumo de nossas opções e ações; vimos, há pouco, duas "desobediências" do Padre Cícero a Dom Joaquim Vieira, porque escolheu obedecer às exigências da própria consciência: em relação à Beata Maria de Araújo e ao povo faminto de Juazeiro que precisava dele, segundo as próprias palavras de Monsenhor Alexandrino. Não quero dizer que qualquer desobediência ao Bispo ou a qualquer autoridade seja válida. Mas quando a ordem vai ao encontro dos direitos humanos, da Verdade, da Vida, temos que obedecer a nossa consciência em consonância com o Evangelho! O que, às vezes, pode nos custar muito caro!

8. Padre Cícero: do íntimo de si

Enfim, Dom Delgado termina seu artigo afirmando que ainda não falou sobre o mais íntimo do Padre Cícero.

É preciso ver Padre Cícero de dentro para fora para descobrir sua verdadeira estatura moral. Padre Cícero foi um homem de raras qualidades interiores. Ele se conservou humilde para ser maior. (...) Padre Cícero teve mil oportunidades para ser um heresiarca e não foi. Pôde erguer o estandarte de um cisma e não o fez. Preso a uma cruz de mais de quatro décadas, não disse mal de ninguém. Tido como responsável principal por um movimento armado, dirigido, aliás, pela liderança político-partidária, não se defendeu. Apenas disse: "Não fiz revolução!". Suspenso de Ordens, esteve sob ameaça de excomunhão que, por um triz, não chegou a ser executada. (...) Nunca desabafou suas queixas. Donde lhe vinha tamanha resistência íntima, se pergunta Dom Delgado: este é o segredo de sua grandeza interior. Do íntimo de sua alma própria, Deus o sustentava.

Com Dom Delgado, terminamos sua análise do Padre Cícero, mártir da disciplina, lembrando o Salmo 54,23: "Lança sobre o Senhor o teu fardo, que ele te sustentará, pois nunca permitirá que o justo vacile!".

Então, caro leitor: o que você acha da análise que Dom Delgado fez da vida e das virtudes do Padre Cícero, "Mártir da disciplina"? Será que esse documento ainda é prematuro, como pensava Monsenhor Azarias Sobreira? Ou será que, depois de cinquenta anos, chegando à "maturidade dos espíritos", longe de polêmicos cegos e apaixonados, essas afirmações do Bispo são hoje reveladoras da espiritualidade e das virtudes heroicas de nosso Padrinho? Pessoalmente, concordo plenamente com Dom Delgado. Como seria importante aprofundar esse estudo à luz da "única *História da Salvação*", segundo o grande teólogo, o Cardeal Jean Daniélou!

E agora?

É hora de terminar a primeira parte deste livro: apresentei-lhe meu ponto de vista sobre a pessoa do Padre Cícero. Mas qual é seu ponto de vista, amigo leitor! Como gostaria de saber, aprender de você e partilhar com você! Quem sabe... um dia, no caminho da vida?

A noite chegou! Estamos com sede e fome! Lembro-me dos discípulos no Caminho de Emaús? Jesus andava com eles! Padre Cícero também procurou, sedento, qual era a vontade de Deus em sua vida tão atribulada. E o Coração de Jesus caminhou com ele. Com certeza, Jesus está andando conosco também. Ou será que duvidamos?

Estamos no fim da leitura de algo sobre a longa vida do Padrinho. Quero lhe oferecer mais uma pequena surpresa que descobri sobre ele. É como a oferta de mais um copo de água cristalina durante nossa caminhada. Desaltera! Anima! Alegra! É importante encontrar o Padre Cícero tão humano, tão simples, tão perto de nós! Veja o que acabei de descobrir há poucos meses: são dois fatos que li, estudando com bastante atenção o diário do Padre Cícero.[1] Quando li o que vou lhe contar, reconheço que

---

[1] Esse diário está conservado na Biblioteca dos Salesianos, em Juazeiro do Norte, e existe uma cópia em CD no Centro de Psicologia da Religião, na mesma cidade.

fiquei emocionada! Veja só: *descobri que Padre Cícero era, também, como muitos de nós, um humilde e fervoroso romeiro em busca de luz para conhecer e realizar o que Jesus queria dele!*

Ainda jovem padre, Cícero escreveu em seu caderno de anotações que resolveu ir à romaria até à Cidade de Icó, na igreja do Senhor do Bomfim, *celebrar a missa de pés descalços*, em sinal de humildade, e pedir a Jesus as graças seguintes:

Ter mais atenção, assiduidade, constância e gosto tanto na oração como na penitência. Pedir ainda exatidão no cumprimento de meus deveres, a completa castidade e, enfim, todos os bens que se pedem na oração universal, durante a missa.

Veja, amigo leitor: Padre Cícero não pede nem saúde nem dinheiro. Ele apresenta a Jesus uma lista de pedidos que são, na realidade, as virtudes necessárias para cumprir bem sua missão sacerdotal e pastoral! E como ele vai até Icó, na igreja do Senhor do Bomfim, podemos pensar que seu pedido era receber a graça de ser fiel *do começo* até *o bom fim* de sua missão sacerdotal.

Numa outra página de seu diário, descobri uma segunda romaria: Padre Cícero foi até Canindé (Ceará) para celebrar três missas em honra e glória de São Francisco de Chagas. Tomou a resolução de "ir caminhando até quando puder" e, depois, continuar a cavalo! Lá em Canindé, Cícero pediu aos frades para "varrer a igreja durante esses três dias" e fazer outros serviços que precisasse, tudo para alcançar seu objetivo. Dá para imaginar nosso Padrinho varrer uma igreja durante três dias?!

Fechemos os olhos! Imaginemos Padre Cícero celebrando a missa, de pés descalços, pedindo as virtudes necessárias para ser um bom padre. Continuemos fechando os olhos, vendo o Padrinho varrendo a igreja de Canindé para assemelhar-se à humildade de São Francisco!

Então me diga: não é emocionante aproximar-se desse Padre Cícero tão humano, tão humilde, tão "nosso"? Ele realizou sozinho, sem propaganda, pelo menos essas duas romarias no começo de sua vida sacerdotal, pois o seu diário foi escrito bem antes dos "fatos de Juazeiro".

Assim, caro leitor, imitando o Padre Cícero, modelo de romeiro, convido você para peregrinarmos juntos nos caminhos de Juazeiro e do mundo, pedindo, antes de tudo, a graça de realizar a vontade de Deus! Continuaremos, assim, a escrever e viver a *única História da Salvação*! É meu grande desejo? É seu também? Você topa? A decisão é sua!

É com essas imagens de um Padre Cícero romeiro, cheio de confiança e simplicidade, que termino a apresentação de meu ponto de vista sobre nosso Padrinho. Boa continuação de sua leitura! Não pare no caminho! Beba mais esse copo de água oferecido pelo "Romeiro Cícero"! Você ainda tem muito a descobrir neste livro, a admirar, a imitar!

SEGUNDA PARTE

Padre Cícero:
seu ponto de vista

Na volumosa correspondência do Padre Cícero, encontrei apenas uma carta na qual ele mesmo abre o "livro de sua vida sacerdotal" a um amigo. É um documento único, em que o sacerdote confia ao Padre Constantino Augusto seu ponto de vista, sua análise do caminho por onde ele teve que passar.

Ele escreveu este relato em 1914, quando tinha 70 anos. A carta não faz menção de sua atuação política: tudo é centralizado na sua missão pastoral em Juazeiro, durante seus primeiros quarenta e quatro anos de sacerdócio. Padre Cícero apresenta esse tempo em duas fases, antes e depois do dia 1º de março de 1889, quando aconteceu, pela primeira vez, a transformação da hóstia consagrada em sangue, na boca da Beata Maria de Araújo.

Para apresentar-lhe essa carta, vou utilizar uma metodologia que me é costumeira no meu serviço pastoral junto aos romeiros: oferecer uma história, inventada por mim, onde imagino um diálogo entre o padrinho e seus afilhados. O que acrescento, para alimentar a conversa, tem seus fundamentos em documentos arquivados. São provas históricas que confirmam as afirmações que o próprio Padre Cícero faz em sua longa missiva endereçada ao Padre Constantino Augusto.

Vamos então entrar numa "boa conversa" entre um casal de romeiros e Padre Cícero.

Os romeiros: Boa tarde, meu padrinho! Sua bênção!

Padre Cícero: Deus os abençoe, meus amiguinhos! Em que posso lhes ajudar?

O romeiro José: Meu padrinho, eu ouvi falar que o senhor escreveu uma longa carta a um amigo seu, contando sua história. É verdade?

Padre Cícero: Deixe-me lembrar, faz tanto tempo! ... É verdade! Eu tinha o costume de escrever e guardar uma cópia de todas as cartas que eu enviava, quer fosse para os romeiros, os amigos, a família, os políticos, ou os meus superiores eclesiásticos. Por que a pergunta, meu amigo?

O romeiro José: É que nós gostaríamos de ler essa carta, meu padrinho, se o senhor permitir.

Padre Cícero: Meu amigo, para obedecer às ordens da Igreja que exigia o silêncio total sobre o que tinha acontecido com a Beata Maria de Araújo, o que chamamos de "milagre da hóstia", escrevi muito pouco sobre a minha vida. Aquele fato, que aconteceu pela primeira vez no dia 1º de março de 1889, transformou totalmente minha história. Realmente, escrevi uma longa carta ao Padre Constantino Augusto, em 1914, porque ele tinha ouvido falar tão mal de mim que queria saber a minha versão pessoal dos fatos. Esse Padre Constantino Augusto era jornalista. Por isso, respondi com muita clareza, abrindo meu coração, contando algo de minha vida. É essa carta que meus amigos romeiros gostariam de ler?

A romeira Maria: Claro, meu padrinho! E não só a gente, mas todos os romeiros da Mãe das Dores e do senhor.

Padre Cícero: Então, vamos tirá-la do meu baú... Na primeira parte de minha carta, conto como tentava viver minha missão de capelão do pequeno povoado de Juazeiro e como se desenvolveu naquele lugar, ao redor da capelinha de Nossa Senhora das Dores, uma comunidade muito religiosa, muito ordeira, até março de 1889. Vejam:

Juazeiro, 23 de outubro de 1914

Meu caro e bom amigo, Padre Constantino Augusto

Salutem in Domino (quer dizer: saudações em Deus)

Recebi uma carta de 8 de setembro último, realmente, do amigo e irmão em Jesus Cristo.

A uns 25 anos (1889) na Quaresma desse ano, era eu capelão aqui, pequena povoação de Juazeiro (hoje cidade) onde me havia dedicado a uma missão. Continuava somente esforçando-me para salvar almas e reformar os costumes semibárbaros desses sertões. Com as devidas faculdades de meu bispo, o primeiro que me havia ordenado e estimava-me muito como meu confessor desde o seminário, o Sr. Bispo Dom Luis Antonio dos Santos, já falecido e o seu sucessor, o Sr. Bispo Dom Joaquim José Vieira, que também me prodigalizava, por sua bondade, as maiores considerações, haviam-me concedido para os bons efeitos da missão a que me propunha todas as faculdades precisas despensas para a revalidação de casamentos nulos, impedimentos em todos os graus, todas as faculdades que me podiam dar, até a faculdade de provisionar, de confessar os padres que, das dioceses vizinhas, vinham confessar-se aqui e ajudar-me. Tinha sempre na modesta capela que aqui edifiquei 6, 8, 10 padres e nunca se esgotava em cada dia o número de pessoas que de todas as classes vinham santificar-se, fazer romaria de devoção e piedade cristã a Santíssima Virgem das Dores – Padroeira da capela a quem todos procuram e invocam com a maior dedicação e espírito de fé, como se faz em Lourdes, Loreto e em outros santuários que o povo parece mais obedecer a um impulso divino do que à vontade humana. Era, portanto, uma missão das mais fecundas e de santos resultados que tínhamos no Brasil; pois vinha gente de quase todos os Estados vizinhos e muitos de outros Estados somente em busca de se reconciliarem com Deus, tomando na maior importância sua salvação; mações que vinham de diferentes lojas; vinham muito de longe e de toda parte revalidar casamentos nulos; e para isto estava eu munido de todos os poderes dados pelos bispos; quanto aos amasiados e pecadores de toda espécie, aqui vinham somente se reconciliarem com Deus, se prepararem para se salvar. Era como um chamado de Deus que soou nestes sertões. E era gente de todas as classes – padres, diretores, militares, grandes e pequenos de todos os sexos. Com certeza não havia no Brasil missão igual. O amor a Santíssima Virgem, o amor à Eucaristia e à comunhão frequente eram uma sede e faziam a vida de todos, dos daqui e dos que vinham. Quem não se sentia edificado vendo tamanha renovação da vida cristã! Aqui havia almas como se escreve na vida dos santos.

O romeiro José: Com licença, meu Padrinho Cícero! Essa descrição da situação de Juazeiro antes do milagre da Beata Maria de Araújo é maravilhosa! Claro que acredito na palavra do senhor. Mas os seus inimigos são bem capazes de dizer que tudo isso é mentira! Será que existem documentos que provam que meu padrinho era mesmo muito estimado pelo povo, pelo bispo e pelos padres?

Padre Cícero: Compreendo sua pergunta, José, e não fico aborrecido com ela! Para as pessoas que não acreditam que escrevo a verdade, vou apenas apresentar três provas. Não adianta dar mais do que três, porque se a pessoa não quer acreditar na minha palavra, mesmo apresentando mil provas, será difícil fazê-la mudar sua opinião sobre mim. Só Deus e um milagre!

Primeira: No livro do tombo da Paróquia Nossa Senhora da Penha, no Crato, por exemplo, pode-se ler um testemunho de Dom Joaquim Vieira, na ocasião de sua visita pastoral em Juazeiro, em 1884:

> A capela de Juazeiro, começada no princípio do ano de 1875 pelo Padre Cícero Romão Baptista, sacerdote inteligente, modesto e virtuoso, é um monumento que atesta, eloquentemente, o poder da fé e da Santa Igreja Católica, Apostólica, Romana, pois é admirável que um sacerdote pobre tenha podido construir um templo vasto e arquitetônico em tempos anormais, quais aqueles que atravessava esta diocese, assolada pela seca, fome e peste...

Padre Cícero: Meu amiguinho, foi grande bondade do Sr. Bispo ter escrito isso! Na realidade, é o povo que respondeu com tanta generosidade ao meu chamado. Sozinho, o que eu poderia ter feito? Assim, conseguimos realizar a construção dessa Igreja. A pequena Capela que encontrei em 1871, quando cheguei para celebrar a missa de Natal, estava praticamente em ruína. Por isso que foi preciso construir uma maior, e todo o povo ajudou, dando dinheiro, ajudando a carregar pedras, tijolos, cada um segundo suas possibilidades. Foi um lindo trabalho em mutirão, por amor a Nossa Mãe Virgem, a Senhora das Dores!

Vou dar-lhe uma segunda prova. Era frequente a presença de padres da região passar alguns dias comigo, para conversar, se confessar, me ajudar também a acolher e confessar o povo, enfim, viver bons momentos fraternos que são tão importantes para cada um de nós. Guardei a cópia de uma carta do jovem Padre Quintino, aquele mesmo que ia ser o primeiro bispo da Diocese do Crato, que escreveu o seguinte ao bispo do Ceará, Dom Joaquim Vieira em 1888:

> Sendo-me necessário ter um diretor espiritual e tendo eu que me convinha e muito escolher para isto o Pe. Cícero, cuja residência dista cinco léguas de Missão Velha (dos limites da freguesia, porém, duas ou menos)... Poderei eu, caso não venha meu diretor ao lugar de minha residência,... ir ao Juazeiro confessar-me, ficando na Freguesia o Revmo. vigário, ainda mesmo que me seja necessário, ou eu queira fazer isso mensalmente, e lá me demorar dois ou três dias, ao máximo? Importa dizer a V. Exa. que as minhas entrevistas com o Pe. Cícero sempre me são em muitos sentidos proveitosas, pois V. Exa. bem conhece este sacerdote.

Padre Cícero: Pois é, meus amiguinhos, éramos bons amigos. Pessoalmente, eu gostava também de ter longas conversas com o Padre Quintino, ele mesmo que, vinte e quatro anos depois, tornou-se o primeiro bispo da Diocese do Crato. Falávamos sobre nosso bom Deus, a Santa Igreja, nossa missão tão bonita, mas também tão delicada de pastores do rebanho que estava sob a nossa responsabilidade e proteção. Como ele era jovem, me pedia alguns conselhos. Passamos momentos muito agradáveis e percebia o quanto ele era um sacerdote piedoso e missionário.

Enfim, vou escolher para vocês uma terceira carta no meio de muitas outras: ela foi escrita por Dom Joaquim Vieira, em 1888, endereçada ao Coronel Secundo, no Crato. O bispo tinha acabado de saber que eu estava bastante doente. Vamos ler, meu amigo romeiro, um trecho dessa carta:

> Ontem me veio às mãos a sua carta de 18 de p. passado, escrita a pedido do nosso bom Pe. Cícero. Desagradou-me sobremodo a notícia do prolongamento da enfermidade que acometeu o virtuoso sacerdote; pois sei quão grande é a falta dos serviços dele nessas paragens; e, além disso, prevejo quanto serão dolorosos os seus padecimentos, posto que esteja convencido da resignação do grande coração dele. Deus queira se realize o restabelecimento dentro em pouco tempo, para que continue ele no efusivo apostolado.
>
> Ten.-cel., talvez o Pe. Cícero sofra algumas privações por não ter coragem de manifestá-las; se assim acontecer, desde já autorizo e peço ao senhor a bondade de fornecer tudo o que lhe for necessário, mandando-me em seguida a conta das despesas feitas para que eu pague com prontidão. Não é necessário que o Pe. Cícero saiba disso, ou antes não convém que lhe chegue ao conhecimento, porque ele talvez recusará; fique, pois, entre nós.

Padre Cícero: Por esta carta, vocês podem perceber a preocupação e o carinho de meu bispo em relação a minha pessoa. Não somente era preocupado com minha saúde, mas também queria até pagar qualquer despesa de remédios ou alimentos que, por ventura, eu precisasse. Vejam que bondade! Ele, em Fortaleza, a mais de 600 km de Juazeiro, querendo suprir as minhas necessidades, com a delicada atenção que seja feito no sigilo, para eu nem saber de sua colaboração financeira. Essa atitude de Dom

Joaquim mostra o quanto vivíamos um excelente relacionamento, num clima de amizade e respeito mútuo.

Querem mais outras provas, meus amigos romeiros?

O romeiro José: Não, meu padrinho! Eu mesmo não precisava de prova alguma, nem minha mulher. Eu só falei pensando naqueles que poderiam achar que o senhor não falava a verdade! Esses três exemplos são mais do que suficientes.

Padre Cícero: Então, meu amigo, vamos voltar a ler minha carta ao Padre Constantino Augusto. Vou entrar, agora, de cheio, no drama que vivi, com muitas outras pessoas, a partir de um fato extraordinário que aconteceu no dia 1º de março de 1889:

> Digo-lhe essas coisas, prezado Padre Constantino, para fazer uma ideia dos acontecimentos e da grande questão que se levantou e que ainda dura. Uma verdadeira perseguição. Entre as almas piedosas que aqui havia, em uma delas aconteceram fenômenos extraordinários. Na primeira sexta-feira de março da Quaresma de 1889, essa mocinha pobre e humilde chamada Maria de Araújo, que se consagrou a Deus desde menina, quando começou a confessar-se comigo, uma das almas mais enriquecida de graças de Deus que já conheci. Em uma festa e comunhão geral da Irmandade do Coração de Jesus instituída aqui, ela comungando a Sagrada partícula, logo que recebeu, ela estática, a sagrada partícula se transformou em sangue em tanta quantidade que correu pela toalha da comunhão, caindo algum desse sangue no chão. Foi visto por muitos e ela continuou extática ainda por um pedaço de tempo. Afligi-me muito com o caso. Avisei a todos que tinham visto que guardassem reserva e não dissessem a ninguém, enquanto a ela, que chorava com a maior angústia, mandei que fosse orar em um

lugar mais reservado que indiquei. Tomei a toalha, purificando o lugar onde tinha caído o sangue, e guardei a toalha para não ser vista e evitar celeuma. Procurei ocultar quanto pude; o fato continuou a se reproduzir por muito tempo.

Padre Cícero: É importante explicar para vocês, meus amiguinhos, que, dois anos antes desse fato do sangramento da hóstia consagrada, a Beata Maria de Araújo já tinha apresentado estigmas, quer dizer, as chagas de Jesus no seu corpo, quando ela meditava a paixão de Cristo. Eu tinha falado sobre esse fenômeno a Dom Joaquim, que aconselhou muita prudência e, sobretudo, que a Beata não fosse vista pelo povo nesses momentos. É por isso que, quando aconteceram os fenômenos do sangramento da hóstia consagrada, fiz tudo para esconder ao povo esse fato, obedecendo, assim, às orientações do meu bispo. Mas vamos em frente, continuando essa minha carta ao Padre Constantino Augusto:

O Sr. Bispo Dom Joaquim soube, obrigou-me a comunicar-lhe, sob pena de obediência, todo o ocorrido; impôs-me que mandasse que pessoas de todas as classes vissem Maria de Araújo. Obedeci à ordem com a maior angústia e humildade. Três médicos e um farmacêutico distintos do Crato, todos viram e examinaram com o maior escrúpulo e consciência, afirmando a verdade e sinceridade do fato. Finalmente o Sr. Bispo declarou-se contra a verdade do fato, tendo dito a um dos médicos que o seu juízo estava feito, contudo, mandou uma comissão composta de dois padres os mais distintos do bispado fazer um processo, os quais fizeram as prescrições e exames minuciosos do fato conforme ordenou o Sr. Bispo.

A romeira Maria: Um momento, por favor, meu padrinho Cícero. O senhor afirma na carta que, antes de mandar uma comissão de dois padres de Fortaleza para analisar os fatos, o Bispo Dom Joaquim já tinha dito que seu juízo estava feito, que não acreditava que se tratava de um milagre! É isso mesmo, meu padrinho?

Padre Cícero: Infelizmente, sim, Dona Maria. Foi o próprio médico quem me contou. Mas eu mesmo recebi uma carta de Dom Joaquim que afirmava isso também, antes da comissão fazer seu trabalho de investigação. Veja só: em março de 1890, Dom Joaquim me escreveu, aconselhando que a Beata Maria de Araújo deixasse Juazeiro para ir morar na Casa de Caridade de Crato. O bispo insistiu nesses termos: "Não obrigo inteiramente V. Revma., mas, se me obedecer, me confirmarei mais no conceito que formo de sua pessoa; se não me obedecer, nada farei, mas ficarei triste e desconfiado".

Em razão da saúde frágil da beata, como o bispo não tinha obrigado inteiramente, eu julguei que ela não estava em condições físicas suficientes para fazer essa viagem. Quando Dom Joaquim soube que a beata não tinha seguido o seu conselho, ele escreveu para mim nesses termos, em junho do mesmo ano, reconhecendo que a intenção de pedir a saída da beata do Juazeiro era, na realidade, um teste e concluiu:

> Era a prova real das duas virtudes: infelizmente, nada disso aconteceu, V. Revma. resistiu de algum modo, e Maria de Araújo desobedeceu-me! Este fato foi de mau efeito para meu espírito, arruinou o castelo que se ia formando em meu ânimo... para mim, tudo está acabado, não há sobrenaturalidade nos fatos acontecidos com Maria de Araújo. Está averiguada a verdade.

Padre Cícero: Assim, minha amiga romeira, a senhora pode perceber que o bispo já tinha concluído que a beata não era santa e que o fenômeno não tinha nada de sobrenatural, antes mesmo do começo do trabalho da comissão que começou a investigar em junho de 1891. Então, mais uma vez, minha afirmação na carta escrita ao Padre Constantino Augusto é verídica.

O romeiro José: Obrigado pela explicação, meu padrinho Cícero. Mas não precisava provar! Sabemos que o senhor não está mentindo.

Padre Cícero: Nunca é demais provar a verdade dos fatos. Sua esposa tem razão de perguntar. Vamos agora continuar a leitura?

O romeiro José: Vamos, meu padrinho! Estamos cada vez mais curiosos para saber quais foram as conclusões da comissão, enviadas a Dom Joaquim, depois de investigar os fatos de Juazeiro.

Padre Cícero: (sorrindo) Calma, meus amiguinhos! Vocês vão ter surpresas. Vamos continuar a leitura:

Eu fui obrigado a dar o meu testemunho de consciência da verdade dos fatos, como os médicos e muitas pessoas distintas foram intimadas pela comissão e todos o deram, afirmando de vista a sinceridade e verdade dos fatos. Feito o processo e levado pela comissão ao Sr. Dom Joaquim, como o processo não provou, como ele queria, que eram embustes e mentiras, e como já tinha feito o prévio juízo (...), ficou zangado com a comissão e tratou de deturpar o processo; mandou para encarregados dele o vigário do Crato e outros adquirir e lhe remeter testemunhas tomadas por ele que provassem que os fatos eram embustes e falsidades; procuraram pessoas que se prestassem para isto (como tivemos documentos), pagaram até a pessoas inconscientes dando 5.000 reis, vestidos e outros manejos indecentes, fazendo-as dizer calúnias contra mim e contra outras pessoas, e lá foram para ser juntas ao processo, a fim de ficar provado, como ele queria. Fizeram como se fez com Joana d'Arc, um processo para um resultado condenatório.

O romeiro José: O que é isso, meu padrinho?! A primeira comissão achou que a transformação da hóstia em sangue, na boca de Beata Maria de Araújo, era um milagre, o bispo ficou zangado, não aceitou e nomeou uma segunda comissão, exigindo que chegasse à conclusão contrária?! E, para isso, foram usados meios corruptos, comprando pessoas para mentir?!

Padre Cícero: Pois é, meu amigo! É isso mesmo que afirmo na minha carta! E tenho documentos e recebi confidências provando esse tipo de corrupção. Sei que essa afirmação é muito grave. Houve chantagem e pressões junto a certas pessoas pobres, prometendo dinheiro, roupa... para que elas aceitassem dar um testemunho falso contra a pobre Maria de Araújo. Inventavam mentiras, dizendo, por exemplo, a uma beata, separadamente, que as outras já tinham reconhecido a fraude (o que não era verdade), que, se ela fizesse a mesma coisa, seria perdoada, mas que, se resistisse, ela seria jogada fora da Casa de Caridade. Porém, muitas delas continuaram declarando sua crença no milagre, como escreveu Monsenhor Alexandrino a Dom Joaquim, alguns meses depois: "Exmo. Sr., não pude ainda arrancar das beatas uma revelação sequer que tornasse patente o embuste". Sofri muito, meus amiguinhos, sabendo dessas manobras humilhantes para arrancar das beatas o que eles queriam: provas de embuste! Sofri, mas perdoei e peço a vocês que perdoem também! Tudo passa! Vamos continuar a minha carta ao Padre Constantino, pois, senão, nunca chegaremos ao fim.

O Santo Ofício, perante tal processo, devia condenar, como fez, e nem podia julgar de outro modo. Fizemos todos os atos de submissão às decisões do Tribunal, como é de direito; foram publicados os nossos atos de submissão, eu também fiz e mandei que o povo todo se submetesse como católicos; e devia ficar tudo em paz. Porém, o Sr. Bispo exigiu de mim mais do que dos outros – que eu perjurasse do testemunho em obediência que me fez dar, desdizendo e ainda mais que caluniasse a pobre inocente Maria de Araújo, que tinha me enganado, ou outras desordens que eu houvesse feito. Isto era um absurdo que eu nunca nem sequer pensei que o Sr. Bispo se lembrasse de exigir um tão grande crime de mim a ponto de mandar, como mandou, um escrito com tais dizeres para eu assinar. Mandei lhe dizer respeitosamente que toda submissão tinha feito e fazia como sacerdote católico e obediente à Igreja, segundo os princípios teológicos e exigidos pelos ensinamentos da Igreja. Mas não podia desdizer-me, dando um testemunho falso e calunioso contra pessoa alguma e contra minha consciência um grande crime. Escrevi e mandei a submissão, como de direito, às decisões do Santo Ofício e mandei publicar nos jornais. Não fiz como ele queria – começou a propagar-me como desobediente e mil perseguições, como ainda continua e Vossa Reverendíssima as ouviu dizer.

O romeiro José: Meu padrinho, se eu entendi bem, o bispo pediu ao senhor afirmar que tinha sido enganado pela Beata Maria de Araújo? Que era ela a mentirosa? Que o senhor foi apenas enganado por ela?!

Padre Cícero: Sim, meu amigo! Você entendeu bem a proposta. E que, se eu aceitasse essa proposta, ia ser perdoado de tudo. A culpa seria apenas da Beata Maria de Araújo. O Bispo fez essa proposta para me tirar de uma situação cada vez mais dramática, para mim. Mas, não podia aceitar tal solução, que, para mim, ia ser um grave pecado contra a pobre beata, pois eu tinha certeza de que ela não era mentirosa, que era inocente. Vejam, meus romeiros, como não podemos nunca agir contra nossa consciência, mesmo para salvar nossa pele! As consequências de minha recusa foram terríveis, mas não me arrependo, não. Não menti nem coloquei a culpa sobre a beata. Mas, vamos lá, de novo, na carta que escrevi a Padre Constantino:

> Eu nunca propaguei e nem falei sobre esses fatos, tomei a resolução de entregar tudo a Deus e a Santíssima Virgem das Dores. Calei-me. Nunca me defendi de modo nenhum e entreguei a Deus o sacrifício de sofrer com paciência, por amor dele, os horrores das calúnias, injúrias e perseguições sem tamanho de que sou vítima. Creia-me que não sei explicar tantos ódios e calúnias contra mim; uma verdadeira conspiração diabólica contra mim que, por graça de Deus, nunca pratiquei males.

A romeira Maria: Meu padrinho! É por isso que a gente ama tanto o senhor. Como Jesus, sofreu em silêncio, entregando tudo na mão de Deus! É verdade que meu padrinho pediu para não o defender, para não entrar em briga contra ninguém que não gosta do senhor? Ô, meu padrinho! Quando fico ouvindo falar mal do senhor, eu me sinto tão agoniada, que estou com vontade de gritar, de brigar.

Padre Cícero: Não faça isso, não, Dona Maria! Um dia a própria Igreja vai me reabilitar. Um dia... não vou dizer quando, mas um dia, serei reabilitado e a verdade aparecerá. Só lhe peço confiança, paciência. Para Deus, um dia é mil anos. Não se avexem! Tudo tem seu tempo, o tempo de Deus. Agora, não me interrompam mais. Vamos continuar a leitura de minha carta ao Padre Constantino?

Os romeiros: Desculpe, meu padrinho! Não vamos mais interromper sua leitura, não.

Padre Cícero: Não tem problema, meus amiguinhos! Sei que vocês sofrem comigo e precisam desabafar. Mas vamos com calma. Agora, estou tão feliz, no céu, rezando por vocês todos. Tudo isso já passou. Não estou sofrendo mais e quero que vocês também perdoem e não sofram mais.

Estive em Roma a chamado do cardeal; apresentei-me ao Santo Tribunal do Santo Ofício. Em várias sessões, julgaram-me inocente, dando-me absolvição se, porventura, incorresse em alguma censura, ficando absolvido de todas, e mandou-me para o meu domicílio – o Juazeiro –, para aqui mesmo celebrar. Requeri ao Santo Padre a faculdade de oratório privado, alegando estado de cegueira e de doença de minha mãe, e a Santa Congregação dos Bispos de Trento me concedeu, por um Restrito apostólico, o qual o Sr. Dom Joaquim não quis dar o visto e nem o considerou em nada. Fui nomeado capelão pelo Eminentíssimo Sr. Cardeal Parrochi na Igreja de São Carlos, em Roma, depois da absolvição do Tribunal... E se eu ficasse em Roma, ele disse que me daria mais faculdades, mas, como eu queria voltar para o Ceará, mandaram-me que, depois de um ano da minha estada no país, requeresse ao Sr. Dom Joaquim, que, como eu ficava adido do clero de Roma, ele dirigisse o meu requerimento para a Santa Sé, e, se não quisesse, eu mesmo requeresse. Com muita consideração e com a melhor boa vontade, fui tratado em Roma.

Padre Cícero: Agora, sou eu que vou interromper a leitura, meus amiguinhos, para vocês entenderem bem. O Cardeal Parrochi foi muito atencioso comigo e me deu a licença de celebrar a missa na Igreja São Carlos, em Roma. Queria mesmo que eu ficasse na Cidade Eterna definitivamente, me dando a responsabilidade de uma paróquia. Era também o desejo de Dom Joaquim, pois sempre pensou que, se eu saísse de Juazeiro, as romarias para o Juazeiro iam acabar logo. Vejam, por exemplo, o que ele escreveu ao Núncio apostólico em 1895: "Finalmente esta triste história continuará com maior ou menor ruído, enquanto o Padre Cícero permanecer em Juazeiro". Mas eu não podia aceitar tal proposta... Como abandonar minha mãe, minha irmã e vocês todos, queridos romeiros?! Quando o cardeal soube da minha decisão de voltar para Juazeiro, e porque tinha percebido a dificuldade de relacionamento de Dom Joaquim com minha pessoa, fez a proposta para que eu ficasse ligado ao clero de Roma e que, se acontecesse mais problemas, eu poderia me dirigir diretamente a ele, o Cardeal Parrochi. Tudo isso, meus amiguinhos, para tentar achar uma solução de paz que tanto desejava. Mas, como vocês vão ouvir, infelizmente, essa paz não aconteceu. Vamos continuar a leitura da carta ao Padre Constantino.

Voltando de Roma na melhor boa-fé, o Sr. Bispo quis retirar-me de Juazeiro: e tendo a Santa Sé dado-me positivamente a faculdade de aqui morar e aqui celebrar com faculdade positiva de aqui celebrar...

Entretanto, ele não fez caso da prescrição da Santa Sé e tratou de continuar a proibir-me de celebrar no Juazeiro... Eu podia celebrar em toda parte, mas continuava a proibição no Juazeiro. Eu, não obstante o secretário da Congregação dos Bispos de Trento me ter dito que, no caso de ele fazer oposição, eu reclamasse para a Santa Sé, nunca quis fazer questão, calei-me; e digo e confio a Deus e a Santíssima Virgem das Dores que tomem por sua conta e me deem o céu que, por caso, deles sofro tão grande perseguição. É grandíssima calúnia dizer que tenho revolta contra a Igreja. Eu nunca tive dúvida sobre a fé católica; nunca disse e nem escrevi, nem em cartas particulares, nem jornais, nem em qualquer escrito nenhuma proposição falsa, nem herética, nem duvidosa, nem coisa alguma contra o ensino da Igreja, e, entretanto, o Sr. Dom Joaquim escreve e propaga que o Padre Cícero ensina a doutrina contra a Igreja e é desobediente, quando nada destas coisas fiz e nem sou. E os Senhores Bispos, crentes no Sr. Dom Joaquim, dizem amém no que propagou o Sr. Dom Joaquim; expressões que nunca nem sequer possuí. E eu não tenho o que fazer, senão sofrer e suportar o mar de mentiras, injúrias e calúnias e somente me contentando, como eu disse ao Santo Padre Leão XIII que, de consciência, como a Deus, lhe afirmava que contra mim se tinham calúnias, injúrias, pois que nunca pratiquei e nem fiz coisa alguma de irregular e nem criminosa, nem contra a Lei de Deus e da Igreja na minha vida, máxime depois de padre. Como estou certo de que vamos todos para a Eternidade e lá serão recompensados os que sofrem as injustiças do mundo, e eu já velho como estou, me conformo e não me incomodo mais com as injustiças do mundo.

O romeiro José: Meu padrinho! Me desculpe, mas o bispo não obedeceu às orientações de Roma e o senhor não reclamou?! O senhor tinha direito de reclamar, meu padrinho.

Padre Cícero: Tinha, meu amiguinho, mas não quis! Ia ser uma briga feia e humilhante entre meu bispo, o Cardeal Parrochi e eu. Não, eu não quis! Tomei a decisão de sofrer e suportar tantas mentiras e injúrias. Não temos que imitar Nosso Senhor Jesus Cristo que sofreu e foi humilhado muito mais do que eu? Não me arrependo, não! E Deus me deu a paz interior, que é o maior tesouro do mundo. Mas vamos terminar a leitura da carta. Já estamos no fim.

> Tudo fica aí e nós vamos como Deus vê que somos. Nunca quis senão o bem, e os homens me julgaram criminoso como querem. Perdoo a todos, que talvez façam estas coisas entendendo que estão fazendo o bem. Nosso Senhor os salve junto comigo no céu. Escrevo dizendo-lhe estas coisas, não é fazendo defesas minhas e nem de fatos, é somente como historiador, testemunha das verdades que lhe exponho e deseja saber. O bom amigo escreveu-me estranhando o desacordo do que dizem contra mim e o que as suas boas suposições e sua boa e sã consciência julga de mim e quer saber a verdade. É certo: os discípulos não podem ser melhor julgados que o mestre.
>
> "*Oremos ad omnes*" (tradução do latim: rezemos por todos)
>
> *Ex inimicis nostris, liberanos Deus noster* (tradução do latim: de nossos inimigos, libertai-nos, nosso Deus)
>
> Disponha de seu amigo e irmão em Jesus Cristo,
> Padre Cícero Romão Batista

Os romeiros: Meu padrinho Cícero! Que carta importante! Como ela nos ajudou a entender melhor algo de sua história, de seus sofrimentos, de suas opções de vida no sacrifício, na humildade, no silêncio! E como agradecemos o senhor por ter lido e comentado essa sua carta ao Padre Constantino Augusto. Percebemos, no final da sua carta, que o senhor abriu seu coração para que a verdade fosse dita, e não para a vingança ou o ódio. Ainda bem que essa carta não foi perdida, e que o senhor fez uma cópia dela e os padres salesianos a guardaram com carinho até o dia de hoje.

Padre Cícero: Estou muito feliz com essa nossa conversa, meus amiguinhos! Podem divulgar essa carta, que eu assino embaixo. O que escrevi foi a pura verdade. Escrevi em consciência, com vontade de não aumentar nem diminuir os fatos que aconteceram. E nunca esqueçam o que escrevi no final de minha mensagem: "Tudo fica aí e nós vamos como Deus vê que somos" e "os discípulos não podem ser melhor julgados que o mestre". Que Deus seja louvado e Nossa Mãe Santíssima!

***

E foi assim que terminou essa "boa conversa do casal de romeiros com o Padre Cícero!". Graças a essa carta, escrita com tanta clareza ao Padre Constantino Augusto, tivemos a possibilidade de deixar o "padrinho dos pobres" expor seu ponto de vista sobre a "questão religiosa" que o fez tanto sofrer, como também, aliás, a própria Beata Maria de Araújo.

Não se trata, aqui, de fechar a questão! Mas era importante e justo oferecer ao Padre Cícero o espaço e a liberdade para, ele mesmo, falar, se expressar, desabafar e abrir, para nós, páginas fundamentais do "livro de sua vida".

TERCEIRA PARTE

Padre Cícero:
o ponto de vista do Papa Francisco

Estamos chegando ao terceiro e último ponto de vista sobre a pessoa do Padre Cícero: o do Papa Francisco! Como anunciei bem no início deste livro, Dom Fernando Panico, então bispo da Diocese do Crato, recebeu do Cardeal Pietro Parolin, secretário de Estado do Papa, via nunciatura e CNBB, uma carta de reconciliação da Igreja com a pessoa do Padre Cícero, como sacerdote.

Mas, antes de apresentar esta carta, caro leitor, preciso fazer um pequeno histórico dos passos que precederam a chegada desse documento. Temos que voltar muitos anos atrás:

1) Você se lembra de que Dom Quintino, primeiro bispo da Diocese do Crato, já tinha pedido a reabilitação do Padre Cícero, em 1922? Infelizmente, seu pedido não foi atendido pelo Papa Leão XIII.

2) Perto de oitenta anos depois, Dom Newton Holanda Gurgel, bispo da Diocese do Crato, recebe a carta seguinte:

Brasília, 29 de maio de 2001

A pedido da Nunciatura Apostólica, venho solicitar a Vossa Excelência o parecer sobre a oportunidade de permitir a consulta aos documentos concernentes a fatos do Juazeiro do Norte e do Padre Romão Batista Cícero (1844-1934).

A Congregação da Doutrina da Fé deseja saber se é oportuno ou não submeter a estudo essa documentação de arquivo, a fim de chegar a um esclarecimento do caso, sobretudo depois do estudo efetuado pelo Pe. Helvídio Martins Maia, publicado com o título "Pretensos milagres em Juazeiro", Petrópolis, 1974.

> Com antecipado agradecimento pela atenção,
> saúdo-o fraternalmente no Senhor Jesus
> Dom Raymundo Damasceno Assis
> Secretário-geral da CNBB

O livro citado, de Helvídio Martins Maia,[1] denuncia os fatos que aconteceram no Juazeiro com a Beata Maria de Araújo em termos muito duros. Veja dois trechos:

p. 188: Lamentavelmente, o velho sacerdote é obstinado e contumaz, (...) "eclesiasticamente, Pe. Cícero é um perjuro de seus votos de obediência, teimoso e obstinado, e jamais se quis sujeitar às decisões da Igreja.

p. 190: (...) Não se pode admitir que Padre Cícero, "jamais obediente ao Santo Ofício, como devia", seja considerado santo, imitador do próprio Cristo. Além de erro, seria ridículo, cabível apenas de mentes fanáticas ou ignorantes.

---

[1] MARTINS MAIA, Helvídio. *Pretensos milagres em Juazeiro*. Petrópolis, 1974.

3) Dom Newton responde a Dom Raymundo Damasceno Assis no dia 5 de junho do mesmo ano:

Excelência,

Em respeito a sua carta de 29/05/01, com referência ao arquivo do "milagre" de Juazeiro do Norte, ao tempo do Pe. Cícero, nesta Diocese de Crato-CE, tenho a lhe dizer o que segue:

Primeiro, o referido arquivo está totalmente à disposição da Sagrada Congregação para Doutrina da Fé, da Nunciatura Apostólica e da CNBB. Exige-se apenas que as pessoas designadas para estes fins sejam idôneas e confiáveis.

Quanto à viabilidade de se proceder a um estudo sério a cargo de peritos competentes e criteriosos, creio ser por demais importante e oportuno.

No momento, porém, a diocese está em transição de governo. Dom Fernando Panico assume ainda este mês a sua direção. A residência episcopal, onde se encontra o acervo do Pe. Cícero, passa por reformas.

Mas, logo mais, já no governo de Dom Fernando, se poderá, assim creio, dar andamento a este projeto.

Com fraternal abraço,

Cordialmente, Dom Newton Holanda Gurgel

4) Dom Fernando Panico, assumindo a diocese no dia 29 de junho de 2001, acolheu o pedido da Sagrada Congregação do Santo Ofício, e, durante mais de cinco anos, confiou a uma comissão de estudos a organização de todos os arquivos, tanto da Diocese do Crato como do Padre Cícero. Trabalho de muita precisão e que não excluiu nenhum documento.

5) Durante esse tempo se discutia bastante, em jornais e na rádio, se a palavra "reabilitação" era a mais adequada. Não se trataria mais de uma "reconciliação" da Igreja com o Padre Cícero? Dom Fernando, numa entrevista no jornal *O Povo*, expressou claramente seu pensamento:

> A palavra reabilitação é meio incompleta e ambígua, não traduz aquilo que a gente busca. Não somos nós que vamos reabilitar o Padre Cícero. O Padre Cícero por si não precisa de reabilitação. Ele já está bem reabilitado onde ele está [no céu]. Somos nós que devemos nos reconciliar com a pessoa dele e entre nós que falamos dele (28/03/2004).

Na realidade, a opção pela palavra "reabilitação" foi aconselhada por Monsenhor Bertoni, secretário do então Cardeal Ratzinger, que, naquela época, era prefeito da Congregação para a Doutrina da Fé, antes de ser eleito Papa Bento XVI. Mas Dom Fernando sempre teve uma preferência pela palavra "reconciliação". Como prova disto, basta lembrar o título de sua segunda Carta Pastoral, escrita em 2003: "Romaria e reconciliação".

6) Depois de cinco anos de pesquisa e compilação dos arquivos, nove volumes foram entregues por Dom Fernando Panico ao Santo Ofício e chegaram à mão do Cardeal Amato, no dia 30 de maio de 2006. Os arquivos eram acompanhados de uma petição, assinada por 254 bispos, pedindo a dita reabilitação do Padre Cícero.

7) E foram quase dez anos de espera, sem receber qualquer resposta vinda do Santo Ofício.

8) Na ocasião da festa do Centenário da Diocese do Crato (2014), o Cardeal João Braz de Aviz participou das festividades em nome do Papa Francisco e coroou a Padroeira da Diocese, Nossa Senhora da Penha. Como ele é o prefeito da Congregação para os Institutos de Vida Religiosa, fez questão de reunir religiosos e religiosas da diocese na abadia beneditina, Nossa Senhora da Vitória, em Juazeiro do Norte. Alguns participantes podiam tomar a palavra. Aproveitei e perguntei por que Roma ainda não tinha dado uma resposta ao pedido de reabilitação do Padre Cícero. O Cardeal João Braz de Aviz olhou para nosso bispo e perguntou: "Posso dizer a verdade?". Com o sinal positivo de Dom Fernando Panico, Dom João falou com toda clareza: "O problema não está mais em Roma, mas na Diocese do Crato, onde alguns padres não aceitam o pedido do diocesano". Pessoalmente, fiquei surpresa com uma resposta tão verdadeira perante mais de 200 religiosos. Prefiro não expressar aqui a reação que tive ante essa revelação! Mas essa resposta ficou martelando em minha cabeça: "o problema não está mais em Roma...". Como e quando vai terminar essa "novela"?

9) No dia 27 de outubro de 2014, Dom Fernando recebeu enfim uma resposta da Congregação para a Doutrina da Fé. Eis o documento que surpreendeu tanto Dom Fernando como a Comissão de Estudos:

Em data de 30 de maio de 2006, foi entregue na sede desta Congregação um pedido (requisição) endereçado ao Santo Padre para a reabilitação canônica de Pe. Cícero Romão Batista (1844-1934). Esse era acompanhado de uma semelhante petição formulada pela

CNBB durante a sua 44ª Assembleia Geral, 9-17 de maio de 2006. O pedido era acompanhado de uma abundante documentação, fruto do estudo de uma denominada "Comissão de Estudo para a Reabilitação Histórico-eclesial do Pe. Cícero Romão Batista". Este Dicastério, valendo-se também do parecer de alguns especialistas nesta matéria, não deixando de submeter a um acurado estudo a referida documentação, confrontando-a com os documentos originais conservados no próprio arquivo, relativos aos acontecimentos que levaram à imposição ao Pe. Cícero de algumas censuras da parte da Santa Sé. As conclusões do estudo foram submetidas à Sessão Ordinária da Congregação, realizada em 2 de julho de 2014, a qual decretou quanto segue:

OMNES: Se retém como justas e justificadas as medidas disciplinares a seu tempo tomadas pela Santa Sé nos confrontos com o Pe. Cícero Romão Batista, e mantidas até a morte dele, assim se afirma não poder proceder à solicitação de reabilitação do sacerdote.

OMNES: Se julga oportuna uma qualquer forma de "reconciliação histórica", que, tendo em conta todos os aspectos do acontecimento humano e sacerdotal do Pe. Cícero, coloque em luz também os lados positivos da sua figura.[2]

O Santo Padre Francisco, durante a audiência do dia 5 de setembro de 2014, aprovou as referidas decisões e *solicitou que seja preparada uma mensagem* da parte de um organismo da Santa Sé, endereçada aos fiéis dessa diocese, que neste momento está celebrando o primeiro centenário de sua ereção canônica. Com tal *iniciativa se poderá operar a desejada "reconciliação histórica"*, tornando possível uma serena apresentação complementar, no contexto da devoção

---

[2] "Omnes" é um termo jurídico em latim que significa que uma norma ou decisão terá efeito vinculante, ou seja, valerá para todos.

mariana e eucarística característica das peregrinações de Juazeiro do Norte, da figura histórica, sacerdotal e apostólica, do Pe. Cícero. Em vista da preparação de tal mensagem, rogo de que possa fornecer gentilmente aqueles elementos que, a seu parecer, fazem hoje do Pe. Cícero Romão Batista uma figura a ser valorizada do ponto de vista pastoral e religioso.

Em atenção de um cortês reencontro, aproveita da circunstância para confirmar-me com sentimentos de profunda estima e de distinto obséquio,

De Vossa Excelência Reverendíssima
Devotíssimo Senhor
† Geraldo Card. Müller
Arcebispo emérito de Regensburg
Prefeito

10) Respondendo ao pedido do Papa Francisco, Dom Fernando Panico enviou, então, ao Santo Ofício "os elementos que, ao seu parecer, fazem hoje do Pe. Cícero Romão Batista uma figura a ser valorizada do ponto de vista pastoral e religioso". E foi assim, após tantos anos, que chegou "a desejada 'reconciliação histórica', tornando possível uma serena apresentação complementar, no contexto da devoção mariana e eucarística característica das peregrinações a Juazeiro do Norte, da figura histórica, sacerdotal e apostólica, do Pe. Cícero".

Caro leitor, agora, você tem em mãos a "chave" que lhe abrirá a leitura e a compreensão dessa carta de reconciliação da Igreja com o Padre Cícero.

Não vou comentar essa carta que, para mim, é um documento ímpar, revelando em cada linha a visão que o Papa Francisco tem do modelo de sacerdote que ele deseja para os dias de hoje. Mas, antes, peço que compare duas afirmações:

– A do primeiro *OMNES* da carta do Cardeal Müller, que afirma que foram "justas e justificadas as medidas disciplinares a seu tempo tomadas pela Santa Sé nos confrontos com o Pe. Cícero Romão Batista, e mantidas até a morte dele, assim se afirma não poder proceder à solicitação de reabilitação do sacerdote".

– A do trecho da carta do Cardeal Parolin, que você vai ler em seguida e que esclarece que: "não é intenção desta mensagem pronunciar-se sobre questões históricas, canônicas ou éticas do passado. Pela distância do tempo e complexidade do material disponível, elas continuam a ser objeto de estudos e análise, como atesta a multiplicidade de publicações a respeito, com interpretações as mais variadas e diversificadas".

Enquanto a primeira afirmação é apresentada como resposta definitiva, a segunda reconhece que essas "questões históricas, canônicas e éticas" continuam a ser objeto de estudos e análise. Importante é perceber esse "detalhe", pois ele não fecha, mas abre horizonte para o futuro.

Com essas constatações preliminares, desejo-lhe uma boa e rica leitura da carta de "reconciliação histórica da Igreja com o Padre Cícero", carta que expressa o pensamento do próprio Papa Francisco sobre o padrinho dos pobres: é seu ponto de vista!

Excelência Reverendíssima,

Dom Fernando Panico,

Bispo diocesano de Crato

Ocorre hoje mesmo o centenário da criação dessa amada diocese, que a mesma quis comemorar com um inteiro Ano Jubilar. Em uma atitude de ação de graças, procurou vivenciar o caminho histórico que, através das vicissitudes humanas, traçou a vida dessa Igreja particular, na busca da fidelidade ao depósito sempre atual da Fé e, ao mesmo tempo, vivendo o dinamismo missionário da evangelização, que deve ser dirigida a todos sem exceção, especialmente aos pobres e pequeninos.

Trata-se de uma ocasião propícia para analisar também o movimento religioso em torno da figura do Padre Cícero Romão Batista (24 de março de 1844 – 20 de julho de 1934), que viveu no território dessa diocese, figura histórica proeminente no Brasil, especialmente em toda a região do Nordeste brasileiro. Em tal sentido, pareceu oportuno ao Santo Padre associar-se às comemorações jubilares com o envio da presente mensagem à Diocese de Crato, que põe em realce *a figura de Padre Cícero Romão Batista e a nova Evangelização*, procurando concretamente ressaltar os bons frutos que hoje podem ser vivenciados pelos inúmeros romeiros que, sem cessar, peregrinam a Juazeiro, atraídos pela figura daquele sacerdote.

Procedendo desta forma, pode-se perceber mais claramente a repercussão que a memória do Padre Cícero Romão Batista mantém, no conjunto de boa parte do catolicismo deste país, e, dessa forma, valorizá-la desde um ponto de vista eminentemente pastoral e religioso, como um possível instrumento de evangelização popular.

1. Excelência Reverendíssima, não é intenção desta mensagem pronunciar-se sobre questões históricas, canônicas ou éticas do passado. Pela distância do tempo e complexidade do material dis-

ponível, elas continuam a ser objeto de estudos e análise, como atesta a multiplicidade de publicações a respeito, com interpretações as mais variadas e diversificadas. Mas é sempre possível, com a distância do tempo e o evoluir das diversas circunstâncias, *reavaliar e apreciar as várias dimensões que marcaram a ação do Padre Cícero como sacerdote* e, deixando à margem os pontos mais controversos, pôr em evidência aspectos positivos de sua vida e figura, tal como é atualmente percebida pelos fiéis.

Assim fazendo, abrem-se inúmeras perspectivas para a evangelização, na linha desta recomendação do Documento de Aparecida; "Deve-se dar catequese apropriada que acompanhe a fé já presente na religiosidade popular" (DAp, 300).

2. É inegável que o Padre Cícero Romão Batista, no arco de sua existência, viveu *uma fé simples, em sintonia com o seu povo* e, por isso mesmo, desde o início, foi compreendido e amado por este mesmo povo.

A sua visão perspicaz, ao valorizar a piedade popular da época, deu origem ao fenômeno das peregrinações, que se prolonga até hoje, sem diminuição tanto no número como no entusiasmo das multidões que acorrem, anualmente, a Juazeiro. Essa amada diocese tem procurado incorporar este movimento popular com um grande esforço de evangelização, orientando-o para o Cristo redentor do ser humano. Integrando seu aspecto popular e devocional em uma catequese renovada, fortalece e anima o romeiro em sua vida cotidiana, tornando-o sempre mais consciente do seu Batismo e ajudando-o a viver sua vocação específica de cristão no mundo.

Além disso, utilizando-se de palavras do próprio Padre Cícero, inúmeros cantos de romaria traduzem o conteúdo da fé e da moral cristã para a compreensão dos simples e dos pobres, constituindo-se, dessa forma, instrumentos úteis de formação na fé; "Quem matou não mate mais, quem roubou não mais...". O entusiasmo e o fervor com que os romeiros entoam estes hinos ecoam pelo Nordeste brasileiro como um convite constante a uma vida cristã mais coerente e fiel.

Várias dioceses do Nordeste brasileiro, fonte primária das romarias, em consonância com sua Diocese de Crato, têm procurado associar-se a esta forma de evangelização, que se tem demonstrado eficaz. A criação recente de um Conselho das romarias, junto a essa diocese, composto também por representantes das demais Igrejas particulares da região, é, sem dúvida, um elemento positivo a ser apoiado e estimulado.

3. Deixou marcas profundas no povo nordestino a intensa devoção do Padre Cícero a Virgem Maria.

A devoção mariana, especialmente a Nossa Senhora das Dores, mas também sob o título mariano das Candeias, foi bem acolhida e assimilada pelo povo fiel. Através delas, a influência positiva do Padre Cícero continua a exercer, junto aos romeiros, um papel educador da sensibilidade católica, que é uma das características marcantes desta população.

As grandes romarias realizadas por ocasião destas festas marianas ilustram o calendário evangelizador de Juazeiro e constituem momentos altos de formação católica.

Como não reconhecer, Dom Fernando, na devoção simples e arraigada destes romeiros, o sentido consciente de pertença à Igreja Católica, que tem na Mãe de Jesus Cristo um dos seus elementos mais característicos? Ajudando o romeiro a acolher Maria como Mãe, recebida do próprio Cristo ao pé da cruz do Calvário, o influxo de Padre Cícero fortalece, nos fiéis, o sentido de pertença à Igreja. É significativa a intensidade desta devoção mariana, inspirada por Padre Cícero, a marcar definitivamente a alma católica dos romeiros nordestinos.

Realizando sempre mais o trabalho evangelizador da Diocese de Crato, no acompanhamento pastoral deste movimento, tenha-se presente esta recomendação do Documento de Aparecida: "Para esse crescimento na fé, também é conveniente aproveitar pedagogicamente o potencial educativo presente na piedade popular mariana. Trata-se de um caminho educativo que, cultivando o amor pessoal à Virgem, verdadeira 'educadora da fé' (DP, 290) que nos leva a nos assemelhar cada vez mais a Jesus Cristo, provoque a apropriação progressiva de suas atitudes" (DAp, 300).

4. Outro aspecto vivenciado por Padre Cícero e por ele transmitido aos seus devotos é *a oração e o respeito pelos mortos*, mais um elemento importante da fé católica.

A grande romaria do dia de Finados, iniciada pelo padre, continua ainda hoje incentivando os romeiros a rezar pelos fiéis falecidos, transmitindo-lhes, também, de maneira simples mas eficaz, a consciência da dimensão escatológica da existência humana. Em uma vida marcada por tantos sofrimentos e dificuldades, a expectativa da bem-aventurança é, para eles, consolação e estímulo.

Uma iniciativa originada por esta sensibilidade tem acontecido, também, em várias dioceses do Nordeste: o encontro dos romeiros nas suas paróquias, além do dia 20 de julho, também no dia 20 de cada mês, recordando o falecimento do próprio Padre Cícero. Um marcante espírito penitencial, a busca pela confissão auricular, a grande participação da Santa Missa em horas bem matinais, constituem uma experiência inesquecível para quem delas já participou e uma oportunidade evangelizadora ímpar.

Vem a propósito citar aqui este trecho de Aparecida: "Nossos povos não querem andar pelas sombras da morte. Têm sede de vida e felicidade em Cristo. Buscam-no como fonte de vida. Desejam essa vida nova em Deus, para a qual o discípulo do Senhor nasce pelo Batismo e renasce pelo sacramento da Reconciliação. Procuram essa vida que se fortalece, quando é confirmada pelo Espírito de Jesus e quando o discípulo renova, em cada celebração eucarística, sua aliança de amor em Cristo, com o Pai e com os irmãos. Acolhendo a Palavra de vida eterna e alimentados pelo Pão descido do céu, quer viver a plenitude do amor e conduzir todos ao encontro com aquele que é o Caminho, a Verdade e a Vida" (DAp, 350). Temos aqui, Senhor Bispo, todo um programa de evangelização, a partir da sensibilidade do romeiro diante do mistério da morte e na proclamação confiante da esperança na ressurreição.

5. No momento em que a Igreja inteira é convidada pelo Papa Francisco a uma atitude de saída, ao encontro das periferias existenciais, a atitude do Padre Cícero em *acolher a todos, especialmente aos pobres e sofredores*, aconselhando-os e abençoando-os, constitui, sem dúvida, um sinal importante e atual.

Não deixa de chamar a atenção o fato de que estes romeiros, desde então, sentindo-se acolhidos e tendo experimentado, através da pessoa do sacerdote, a própria misericórdia de Deus, com ele estabeleceram – e continuam estabelecendo no presente – uma relação de intimidade, chamando-o na carinhosa linguagem popular nordestina de "padim", ou seja, considerando-o como um verdadeiro padrinho de Batismo, investido da missão de acompanhá-los e de ajudá-los na vivência de sua fé.

É também uma característica do Nordeste brasileiro a grande quantidade de pessoas que recebem, no Batismo, o nome de "Cícero" ou de "Cícera", em preito de homenagem e de gratidão a este sacerdote. O espírito das romarias transmite-se, assim, de pais para filhos e se perpetua por gerações.

É certo, por outro lado, que este apego afetivo do romeiro deverá dar lugar a um trabalho paciente de formação da sua fé, de maneira a levá-lo a um encontro pessoal com Jesus Cristo, como mostra o Documento de Aparecida (cf. nn. 276ss), traçando, com acuidade, as várias etapas a serem seguidas, para que, da atração pelas testemunhas, se chegue àquele que é a testemunha fiel e redentor de todos: "O caminho de formação do seguidor de Jesus lança suas raízes na natureza dinâmica da pessoa e no convite pessoal de Jesus Cristo, que chama os seus pelo nome e estes o seguem porque conhecem a sua voz" (DAp, 277).

6. Finalmente, apraz-me salientar, Dom Fernando, mais um importante fruto da influência do Padre Cícero Romão Batista junto aos seus romeiros: *o respeito que os peregrinos demonstram pela Igreja, na pessoa de seus sacerdotes e seus templos.*

O afeto popular que cerca a figura do Padre Cícero pode constituir um alicerce forte para a solidificação da fé católica no ânimo do povo nordestino. O trabalho de evangelização popular a ser continuado, com perspicácia e perseverança, vem contribuindo certamente para o fortalecimento desta mesma fé, chamada a frutificar em atos concretos de compromisso cristão e de promoção dos mais autênticos valores humanos, pois "os desafios que apresenta a situação da sociedade na América Latina e no Caribe requerem identidade católica mais pessoal e fundamentada. O fortalecimento dessa identidade passa por uma catequese adequada que promova adesão pessoal e comunitária a Cristo, sobretudo nos mais fracos na fé" (DAp, 297).

7. Eis portanto, Senhor Bispo, alguns elementos positivos que promanam da figura do Padre Cícero Romão Batista, tal como é percebida, atualmente, pelo povo fiel que acorre a Juazeiro do Norte, dando vida às romarias e transformando-as em uma bela expressão de fé. Como já indicado, cada romeiro, desafiando a criatividade dos agentes de evangelização, abre novas perspectivas para atuar a missão da Igreja no contexto local, em que esta figura constitui o chamado inicial para um aprofundamento da fé católica e para sua manutenção.

Não podemos ignorar, no entanto, que *outros aspectos da pessoa do Padre Cícero podem suscitar perplexidades*. Deus, com efeito, na sua genial criatividade, serve-se muitas vezes de "vasos de argila" para realizar a sua obra de salvação, "para que esse incomparável poder seja de Deus e não de nós" (2Cor 4,7) e, dessa forma, nós, seres humanos, nunca nos possamos orgulhar. Porque "aquele que planta, nada é; aquele que rega, nada é; mas importa somente Deus, que dá o crescimento" (1Cor 3,7). Deus serve-se sempre de pobres instrumentos. Padre Cícero, na sua complexa história humana, não privada de fraquezas e de erros, é um claro exemplo disso. Sem dúvida alguma, foi movido por um intenso amor pelos mais pobres e por uma inquebrantável confiança em Deus. Ele teve, porém, que viver em um contexto histórico e social pouco favorável, empregando todas as suas forças e procurando agir segundo os ditames da sua consciência, em momentos e circunstâncias bastante difíceis. Se nem sempre soube encontrar as justas decisões a tomar ou adequar-se às diretrizes que lhe foram dirigidas pela legítima autoridade, não há dúvida, entretanto, de que ele foi movido por um desejo sincero de estender o Reino de Deus. Não nos esqueçamos, porém – como dizia São João Paulo II, na Audiência Geral de 30 de abril de 1986 –, que, às vezes, "Deus escreve certo por linhas tortas" e se serve de instrumentos imperfeitos para realizar a sua obra (cf. Lc 17,10). Portanto, *é necessário neste contexto, dirigir nossa atenção ao Senhor e agradecê-lo por todo o bem que ele suscitou por meio do Padre Cícero*.

Este dado positivo, eminentemente religioso, justifica a atenção pastoral especial que essa Diocese de Crato presta ao fenômeno religioso de Juazeiro do Norte, que tem sua origem justamente na ação do Padre Cícero, valorizando a sua repercussão benéfica em vista da evangelização de todos aqueles que a ele sentem-se ligados. Assim, é garantida a sua reta orientação eclesial, trazendo para todos o inegável benefício de uma adequada evangelização, inserida na realidade e na mentalidade da população fiel desta região e com repercussões em todo o Brasil.

A presente mensagem foi redigida por expressa vontade de Sua Santidade o Papa Francisco, na esperança de que Vossa Excelência Reverendíssima não deixará de apresentar à sua diocese e aos romeiros do Padre Cícero a autêntica interpretação da mesma, procurando por todos os meios apoiar e promover a unidade de todos na mais autêntica comunhão eclesial e na dinâmica de uma evangelização que dê sempre e de maneira explícita o lugar central a Cristo, princípio e meta da história.

Ao mesmo tempo que me desempenho da honra de transmitir uma fraterna saudação do Santo Padre a todo o povo fiel do sertão do Ceará, com os seus pastores, bendizendo a Deus pelos luminosos frutos de santidade que a semente do Evangelho faz brotar nestas terras abençoadas, valho-me do ensejo para testemunhar-lhe minha fraterna estima e me confirmar

de Vossa Excelência Reverendíssima
devotíssimo no Senhor

Pietro Card. Parolin
Secretário de Estado de Sua Santidade
Vaticano, 20 de outubro de 2015

Caro leitor, depois da leitura dessa carta tão importante e esperada, convido cada um de nós a reler este "PONTO DE VISTA" do Papa Francisco e a saborear a visão pastoral e a teologia nele contidas. Veremos aparecer os traços mais importantes do rosto do sacerdote segundo o coração do Santo Padre, aquele mesmo rosto que ele apresenta nas suas homilias na Capela Santa Marta!

Constatamos que, nesse texto, a "reconciliação da Igreja" é tripla: não somente com o Padre Cícero, mas também com o romeiro do Padre Cícero e a Pastoral de Romaria desenvolvida na Igreja de Nossa Senhora das Dores, hoje basílica.

Tinha pedido a você bastante paciência, sobretudo, quando, em certos momentos de nossa peregrinação em busca do "livro da vida" do Padre Cícero, na primeira parte deste volume, prometia-lhe que acabaríamos por sair do "vale de lágrimas" e ver, no horizonte, uma pequena luz! Penso que o Papa Francisco, iluminando a pessoa do Padre Cícero na sua missão sacerdotal e pastoral, nos oferece essa luz.

É bem claro que muitos assuntos delicados foram deixados de lado, como, por exemplo, a história mística da Beata Maria de Araújo, que, a meu ver, merece também um gesto de reconciliação da parte da Igreja. Como escreve o Cardeal Parolin, no começo de sua carta, são as "questões históricas, canônicas ou éticas do passado. Pela distância do tempo e complexidade do material disponível, elas continuam a ser objeto de estudos e análise, como atesta a multiplicidade de publicações a respeito, com interpretações as mais variadas e diversificadas".

A determinação do Papa Francisco, focalizando sua análise sobre a pessoa do Padre Cícero, é eminentemente humana e pastoral.

A qualidade da árvore se julga pelos seus frutos: se os frutos são bons, a árvore é boa! Se os frutos são ruins, a árvore é ruim! Padre Cícero é avaliado pelos frutos de sua ação sacerdotal e pastoral... Tire suas conclusões, caro leitor!

CONCLUSÃO
Padre Cícero... e quem é ele?

Abrir o "livro da vida" do Padre Cícero é entrar no mistério da aventura mística de um nordestino do interior do Ceará que tomou a sério o chamado do Sagrado Coração de Jesus, recebido em sonho: "Você, Cícero, tome conta deles". E ele fez "opção pelos pobres". Consagrou sua vida aos pobres. O teólogo Padre José Comblin, belga como eu, escreveu:

> O povo consagrou Padre Cícero porque ele antes entregara a sua vida aos pobres. Amou sinceramente os pobres. Foi incansável defensor dos pobres, que o procuravam para solucionar todo tipo de problemas e questões [...] Antecipou em muitos anos as opções da Igreja da América Latina. É impossível negar a sincera opção pelos pobres de alguém que os próprios pobres proclamam![1]

Numa página, bem no meio deste "livro da vida" do Padre Cícero, um misterioso acontecimento: a hóstia sangra na hora da comunhão de uma mulher pobre, analfabeta, negra: Maria de

---

[1] COMBLIN, José. *Padre Cícero de Juazeiro*. São Paulo: Paulus, 2011, p. 41.

Araújo! Obra de Deus ou do diabo? Sacrilégio ou sinal da misericórdia divina?

A partir desse misterioso acontecimento sucedido com a Beata Maria de Araújo, o coração do Padre Cícero sangra, as páginas da história de sua vida são marcadas pelo sangue do sofrimento, da incompreensão, da perseguição. Como escreveu Dom Delgado, quando era arcebispo de Fortaleza, Padre Cícero torna-se "mártir da disciplina".[2] Mas não abandona os pobres, não condena a beata, porque tem absoluta certeza de que não é embusteira e que é inocente.

A Igreja condena o "milagre"! O povo e o padre obedecem e silenciam! A beata se esconde: até seus restos mortais desaparecem!

O romeiro procura o padrinho, o conselheiro, o orientador. O padre acolhe, consola, educa, evangeliza. Fiel à Igreja que o condena, ele chama o povo à mesma fidelidade e o convida a não se preocupar em defendê-lo.

Juazeiro cresce "à sombra da Mãe das Dores" e sob a orientação do sacerdote: "que cada casa seja um oratório e uma oficina!".

Milhões de "afilhados" já canonizaram o padrinho. As "salas de promessas" estão repletas de ex-votos e agradecimentos por graças alcançadas.

"Juazeiro é o coração do romeiro", exclama um peregrino chegando à "Jerusalém dos pobres", após doze dias de viagem

---

[2] DELGADO, José de Medeiros. *Padre Cícero, mártir da disciplina. Documento Pastoral* (agosto de 1970), p. 57, 58, 81 (mimeografado).

pelas estradas do Nordeste, com seus vinte e dois companheiros vindos de Palmeiras dos Índios (Alagoas).

Há mais de quarenta anos que escuto, observo, medito, converso, aprendo com meus irmãos romeiros. Há mais de quarenta anos que pesquiso nos arquivos e nos livros, comparo as opiniões, avalio o que poderia ser verdade ou inverdade... Ainda não terminei de ler o "livro da vida" do Padre Cícero.

Mas, como o Cardeal Pietro Parolin e em comunhão com o Papa Francisco e sua sensibilidade latino-americana, convido você, amigo leitor, a "dirigir nossa atenção ao Senhor e agradecê-lo por todo o bem que ele suscitou por meio do Padre Cícero".

Quando Dom Fernando Panico foi agradecer ao Santo Padre por ter oficializado a reconciliação da Igreja com o Padre Cícero, ouviu do Papa Francisco esta promessa:

"Padre Cícero? Sim! Quero fazer mais por ele!".

Paciência! Mais um pouco de paciência! Já tivemos tanta paciência!

Será que essa história não terminou!?

"Deus está no comando de tudo!"

Que seja feita sua santa vontade!

Posfácio

Pediu-me a caríssima Irmã Annette Dumoulin um posfácio para o seu excelente livro *Padre Cícero, santo dos pobres, santo da Igreja*. Várias razões me levam a aceitar, com muito gosto, o pedido da autora. Preliminarmente, porque reconheço, na pessoa da Irmã Annette, uma mulher vocacionada à missão religiosa que abraçou como consagrada a Igreja Católica. Desde que cheguei à Diocese de Crato, tenho observado que ela presta profícua colaboração nas pastorais da Paróquia de Nossa Senhora das Dores de Juazeiro do Norte. E o faz com muito entusiasmo e dedicação, com amor e alegria, principalmente na Pastoral das Romarias. Esta pastoral assiste aos milhares de devotos do Padre Cícero, que vêm a Juazeiro do Norte em busca de renovação da fé e fortalecimento da esperança, para enfrentamento das dificuldades materiais da vida.

Outra razão que me ocorre é que Irmã Annette é profunda conhecedora dos aspectos religiosos, históricos e sociológicos dessas peregrinações. Ao longo de quarenta anos, ela conseguiu aprofundar conhecimentos sobre a *espiritualidade romeira*, conhecendo melhor a originalidade e a riqueza dessas manifestações da religiosidade popular.

Nesse sentido, reiteramos o nosso agradecimento pelo valoroso serviço que Irmã Annette vem prestando à Diocese de Crato e à Paróquia de Nossa Senhora das Dores de Juazeiro do Norte, no campo da assistência espiritual e material aos irmãos romeiros. Agradecimento que se alia ao reconhecimento pela catalogação e orientação feitas dos espaços para as expressões mais genuínas dos romeiros e pelo ensinamento da doutrina católica, serviços prioritários da Pastoral das Romarias.

Agradecemos, enfim, pela atuação dessa pastoral na defesa dos interesses dos nossos irmãos e irmãs do semiárido nordestino, principalmente no reconhecimento de sua identidade como cidadãos e cidadãs e como católicos e católicas.

Aliás, é oportuno lembrar que a palavra "romaria" decorre de uma referência a Roma, a sede da nossa Igreja Católica Apostólica Romana. É por esse motivo que a palavra romaria é usada para classificar especialmente peregrinações católicas. Aquele que pratica a romaria é o romeiro.

Agora, uma avaliação da mais recente obra de Irmã Annette. Ao final da leitura do livro *Padre Cícero*, podemos comprovar que, ao invés de mais uma biografia sobre o Padre Cícero, este livro constitui uma proposta para que as pessoas conheçam as ações de um padre que viveu o Evangelho de forma profunda e intensa.

Acredito que este livro de Irmã Annette, que não se limitou a transcrever fatos de um passado distante da trajetória do Padre Cícero, mas foi encerrado com a perspectiva de fatos presentes, cujas ações terão reflexo no futuro, contribuirá para divulgar a simpatia de como a Igreja Católica vem acompanhando a herança espiritual do Padre Cícero e as romarias de Juazeiro.

Sintomática foi também a mensagem assinada pelo Cardeal Parolin, secretário de Estado do Papa Francisco, enviada à Diocese de Crato, acerca do Padre Cícero e das romarias feitas a Juazeiro do Norte. A certa altura daquela missiva, podemos ler os parágrafos abaixo:

> Trata-se de uma ocasião propícia para analisar também o movimento religioso em torno da figura do Padre Cícero Romão Batista (24 de março de 1844 – 20 de julho de 1934), que viveu no território dessa diocese, figura histórica proeminente no Brasil, especialmente em toda a região do Nordeste brasileiro. Em tal sentido, pareceu oportuno ao Santo Padre associar-se às comemorações jubilares com o envio da presente Mensagem à Diocese de Crato que põe em realce a *figura de Padre Cícero Romão Batista e a nova Evangelização*, procurando ressaltar os bons frutos que hoje podem ser vivenciados pelos inúmeros romeiros que, sem cessar, peregrinam a Juazeiro, atraídos pela figura daquele sacerdote.
>
> Procedendo desta forma, pode-se perceber mais claramente a repercussão que a memória do Padre Cícero Romão Batista mantém, no conjunto de boa parte do catolicismo desse país, e, dessa forma, valorizá-la desde um ponto de vista eminentemente pastoral e religioso, como um possível instrumento de evangelização popular.
>
> Não é intenção desta mensagem pronunciar-se sobre questões históricas, canônicas ou éticas do passado. Pela distância do tempo e complexidade do material disponível, elas continuam a ser objeto de estudos e de análise, como atesta a multiplicidade de publicações a respeito, com interpretações as mais variadas e diversificadas. Mas é sempre possível, com a distância do tempo e o evoluir das diversas circunstâncias, *reavaliar e apreciar as várias dimensões que marcaram a ação do Padre Cícero como sacerdote* e, deixando à

margem os pontos mais controversos, pôr em evidência aspectos positivos de sua vida e figura, tal como é atualmente percebida pelos fiéis.

É neste contexto que vejo a contribuição deste novo livro de Irmã Annette. A mensagem da Santa Sé, assinada pelo secretário de Estado, Cardeal Pietro Parolin, reconhece que as romarias e a devoção ao Padre Cícero possibilitam maior aproximação dos romeiros com a Igreja Católica.

Parabenizo Irmã Annette por mais este serviço prestado em prol da divulgação das romarias de Juazeiro do Norte.

Dom Gilberto Pastana de Oliveira
Bispo Diocesano de Crato

Dados Biográficos
da vida do Padre Cícero Romão Batista[1]

24/03/1844	Nascimento de Cícero Romão Batista, em Crato; filho de Joaquim Romão Batista e Joaquina Vicência Romana.
30/11/1870	Ordenação sacerdotal na Catedral, em Fortaleza, por D. Luís Antônio do Santos, primeiro bispo do Ceará.
24/12/1871	Celebra, pela primeira vez, a missa em Juazeiro.
11/04/1872	Fixa residência em Juazeiro com sua família.
26/09/1872	É nomeado capelão da Capela de Nossa Senhora das Dores, em Juazeiro-CE.
28/08/1884	D. Joaquim José Vieira, segundo bispo de Fortaleza, sagra a nova Capela de Nossa Senhora das Dores, benzendo a pedra do altar-mor.
22/04/1886	Instalação solene do sacrário permanente da Capela de Nossa Senhora das Dores.
21/12/1887	Nomeação do Pe. Cícero como vigário da Paróquia de São Pedro, hoje Caririaçu, continuando, entretanto, a residir em Juazeiro.
01/03/1889	Pela primeira vez, ocorre em Juazeiro a transformação da hóstia em sangue, na comunhão de Maria de Araújo.

---

[1] Estes dados foram retirados do livreto manuscrito de Amália Xavier de Oliveira.

17/07/1891	Pe. Cícero é chamado a Fortaleza e se apresenta ao bispo para responder, sob juramento, a um questionário referente aos fatos extraordinários de Juazeiro.
21/07/1891	O bispo diocesano nomeia a primeira comissão para averiguar os fatos extraordinários ocorridos em Juazeiro, tendo como membros os Padres Glicério e Francisco Antero.
28/11/1891	Entrega, pelo Pe. Glicério, do relatório a D. Joaquim, declarando que os fatos extraordinários de Juazeiro não têm explicação natural.
04/04/1892	Pe. Alexandrino, vigário de Crato, recebe de D. Joaquim a ordem de proceder a um segundo inquérito sobre os fatos extraordinários de Juazeiro.
22/04/1892	Término do segundo inquérito, com a conclusão de que os fatos extraordinários de Juazeiro não são sobrenaturais.
05/08/1892	Pe. Cícero é suspenso de ordens, guardando apenas a faculdade de celebrar fora de Juazeiro.
06/08/1892	D. Joaquim dispensa Pe. Cícero da administração da Paróquia de São Pedro, Caririaçu.
10/11/1893	D. Joaquim proíbe todos os sacerdotes da diocese de celebrar, confessar ou pregar na Capela de Juazeiro, com exceção do vigário de Crato e dos padres por ele indicados.
23/01/1894	Essa proibição foi também estendida ao vigário de Crato, Pe. Quintino.
04/04/1894	A Congregação do Santo Ofício reprova e condena os fatos do Juazeiro.
04/07/1894	Pe. Cícero presta obediência às decisões do Santo Ofício, em Fortaleza.

14/04/1896	O bispo de Fortaleza proíbe Pe. Cícero de celebrar em toda a diocese.
21/06/1897	O vigário de Crato, Pe. Alexandrino, entrega ao Pe. Cícero a portaria de excomunhão válida se, no prazo de 10 dias, não se retirar de Juazeiro.
29/06/1897	Pe. Cícero exila-se em Salgueiro, Pernambuco, dentro do prazo exigido.
13/01/1898	Pe. Cícero viaja para Roma, via Recife.
01/09/1898	Pe. Cícero faz seu ato de submissão e obediência aos decretos da Igreja, perante o Santo Ofício. Recebe ordem para celebrar missas e voltar ao Brasil.
12/11/1898	Chegada do Pe. Cícero a Fortaleza para prestar contas de sua viagem a Roma e render obediência ao bispo D. Joaquim.
15/11/1898	D. Joaquim concede ao Pe. Cícero a licença de celebrar missa na diocese, menos em Juazeiro e nas circunvizinhanças.
07/09/1910	O povo de Juazeiro declara-se independente de Crato, negando o pagamento de impostos àquela cidade.
22/07/1911	Criação do Município de Juazeiro.
04/10/1911	Pe. Cícero assume o cargo de primeiro prefeito de Juazeiro.
20/01/1912	Pe. Cícero é eleito 39° vice-presidente do Estado do Ceará.
11/02/1913	Franco Rabelo demite Pe. Cícero do cargo de prefeito de Juazeiro.
04/12/1913	O prefeito João Bezerra de Menezes, nomeado por Franco Rabelo, é deposto pelas forças revolucionárias, comandadas pelo Dr. Floro Bartolomeu.

14/12/1913	Pe. Cícero convoca o povo para cercar Juazeiro de trincheiras e muralhas, em defesa da Vila que as forças rabelistas queriam arrasar.
21/01/1914	Segundo ataque das forças rabelistas contra Juazeiro. Este ganhou a batalha. As forças do Dr. Floro Bartolomeu, ajudadas pelo Governo Federal, chegam até Fortaleza e derrubaram o governo de Franco Rabelo. Volta ao poder Acioly.
22/07/1914	Pe. Cícero é eleito primeiro vice-presidente do Estado.
30/12/1916	O primeiro bispo de Crato, D. Quintino, concede ao Pe. Cícero a ordem de celebrar novamente a missa em Juazeiro.
03/07/1921	Pe. Cícero é novamente suspenso de ordens.
16/04/1926	Pe. Cícero é eleito deputado federal depois do falecimento do Dr. Floro Bartolomeu, mas não assumiu o cargo.
20/07/1934	Pe. Cícero morre às 6h30, depois de ter recebido os últimos sacramentos.

Bibliografia

Fontes

Todas as cartas apresentadas neste livro estão arquivadas em forma de xérox no CPR (Centro de Psicologia da Religião) no Juazeiro do Norte (CE).

São principalmente arquivos das Dioceses de Fortaleza e do Crato, assim como dos padres salesianos (Padre Cícero).

Livros

BARROS, Glauber Pinheiro. *Romeiros no chão sagrado*. Fortaleza: Premius, 2013.

BARROS, Luitgarde Oliveira Cavalcanti. *Juazeiro do Padre Cícero. A Terra da Mãe de Deus*. 2. ed. revista e ampliada. Ceará: IMEPH Fortaleza, 2008.

COMBLIN, José. *Padre Cícero de Juazeiro*. São Paulo: Paulus, 2011.

DINIS, M. *Mistérios do Joazeiro*. 2. ed. Fortaleza: IMEPH, 2011. (Coleção Centenário).

COSTA E SILVA, Nilze. *A mulher sem túmulo*. Fortaleza: Armazém da Cultura. 2010.

DELGADO, José de Medeiros. *Padre Cícero, mártir da disciplina. Documentário Pastoral* (agosto de 1970) (mimeografado)

DELLA CAVA, Ralph. *Milagre em Joaseiro*. Rio de Janeiro: Paz e Terra, 1976.

FEITOSA, Neri. *O Padre Cícero e a opção pelos pobres*. São Paulo: Paulinas, 1984.

GUIMARÃES, Therezinha Stella. *Padre Cícero e a nação romeira – Estudo psicológico da função de um "santo" no catolicismo popular.* Fortaleza: IMEPH, 2011. (Coleção Centenário).

GUIMARÃES, Therezinha Stella; DUMOULIN, Anne. *Padre Cícero por ele mesmo.* 2. ed. Fortaleza: INESP, 2015.

OLIVEIRA, Amália Xavier. *O Padre Cícero que eu conheci. Verdadeira história de Juazeiro.* Fortaleza: Ed. H. Galeno, 1974.

PINHEIRO, Irineu. *Efemérides do Cariri.* Ceará: Imprensa Universitária do Ceará, 1963.

SILVA, Antenor de Andrade. *Cartas do Padre Cícero.* Escolas profissionais Salesianas, Salvador, 1982.

_____. *Padre Cícero: o calvário de um profeta dos sertões.* Recife: Ed. Maqisa, 2014.

SOBREIRA, Azarias. *O Patriarca de Juazeiro.* Petrópolis: Vozes, 1968.

VITAL, Reis. *Padre Cícero.* Rio de Janeiro, 1936.

WALKER, Daniel. *Padre Cícero. A sabedoria do conselheiro do Sertão.* Expressão Gráfica. 2009.

Rua Dona Inácia Uchoa, 62
04110-020 – São Paulo – SP (Brasil)
Tel.: (11) 2125-3500
http://www.paulinas.com.br – editora@paulinas.com.br
Telemarketing e SAC: 0800-7010081